Impressum
Verlag: BABADADA GmbH, Nedderfeld 112 , 22529 Hamburg
Geschäftsführer / Verlagsleitung: Harald Hof
Druck: Books on Demand GmbH, In de Tarpen 42, 22848 Norderstedt

Imprint
Publisher: BABADADA GmbH, Nedderfeld 112 , 22529 Hamburg, Germany
Managing Director / Publishing direction: Harald Hof
Print: Books on Demand GmbH, In de Tarpen 42, 22848 Norderstedt

escola
мактаб

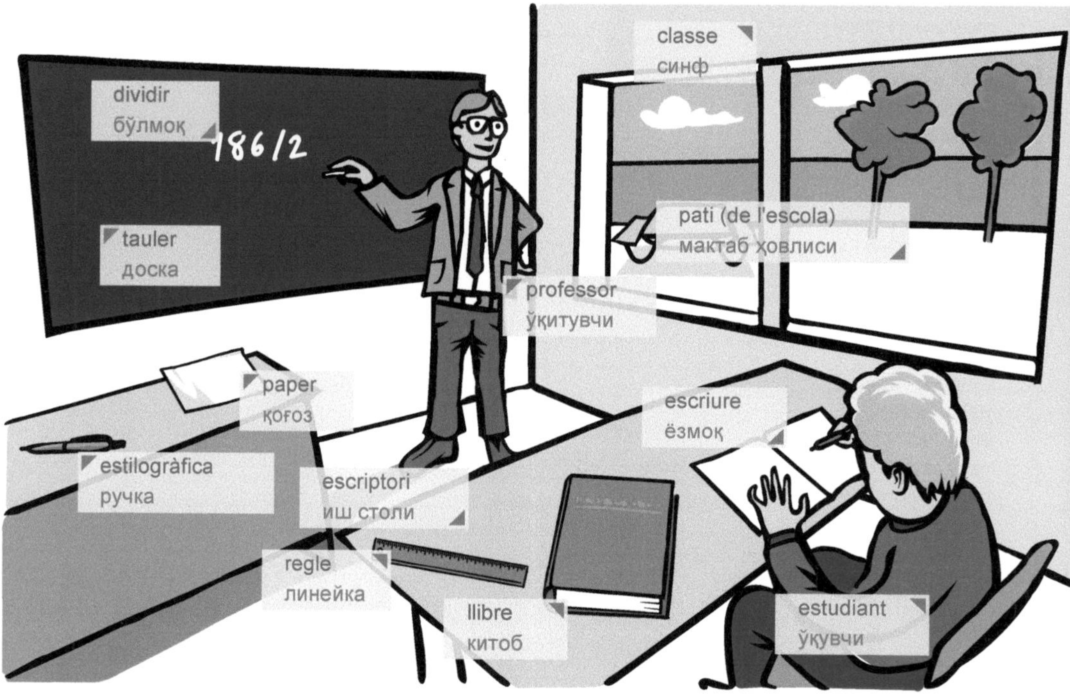

classe
синф
dividir
бўлмоқ
186/2
tauler
доска
pati (de l'escola)
мактаб ҳовлиси
professor
ўқитувчи
paper
қоғоз
escriure
ёзмоқ
estilogràfica
ручка
escriptori
иш столи
regle
линейка
llibre
китоб
estudiant
ўқувчи

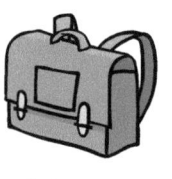

bossa
осма сумка

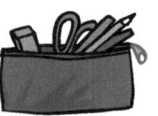

estoig
қаламдон

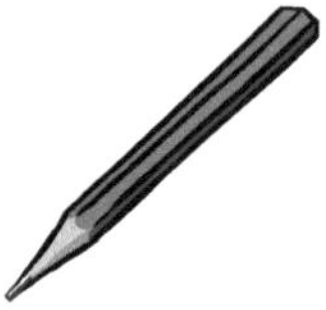

llapis
қалам

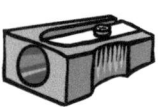

maquineta de fer punta
қалам учлагич

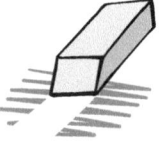

goma
ўчиргич

bloc de dibuix
расм албоми

dibuix

чизмачилик

pinzell

бўёқ чўтка

capsa de pintures

бўёқдон

tisores

қайчи

cola

елим

quadern d'exercicis

машғулот дафтари

deures

уй иши

nombre

рақам

afegir

қўшмоқ

sostreure

айирмоқ

multiplicar

кўпайтирмоқ

calcular

ҳисобламоқ

lletra

хат

alfabet

алифбо

mot

сўз

text

матн

llegir

ўқимоқ

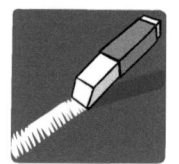

guix

бўр

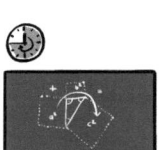

lliçó

дарс

llibre de classe

журнал

examen

имтиҳон

certificat

гувоҳнома

uniforme escolar

мактаб формаси

formació

таълим

enciclopèdia

қомус

universitat

олийгоҳ

microscopi

микроскоп

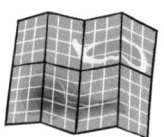

mapa

харита

paperera

урна

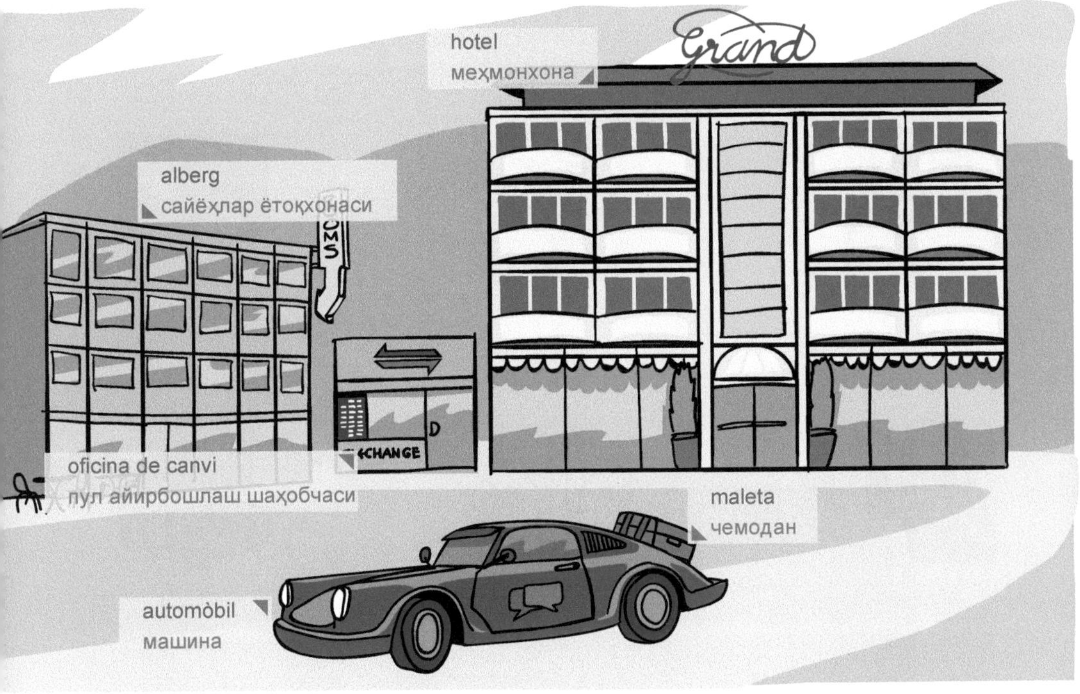

hotel
меҳмонхона
Grand
alberg
сайёҳлар ётоқхонаси
oficina de canvi
пул айирбошлаш шаҳобчаси
€CHANGE
maleta
чемодан
automòbil
машина

llengua

тил

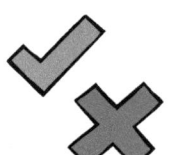

sí / no

ҳа / йўқ

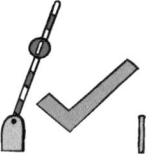

D'acord

Хўп

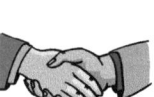

Ey!

салом

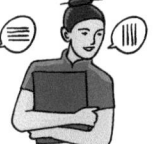

traductora

таржимон

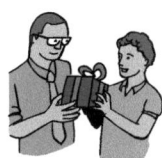

gràcies

Раҳмат

Quant costa... ?

неча пул...?

No entenc

Тушунмадим

problema

муаммо

Bona nit!

Хайрли кеч!

bon dia!

Хайрли тонг!

bona nit!

Хайрли тун!

fins aviat

кўришгунча

direcció

йўналиш

bagatge

йўловчи юки

bossa

сафархалта

sarrona

юк халта

convidat

меҳмон

cambra

хона

sac de dormir

уйқуқоп

tenda

чодир

oficina de turisme

саёҳларга маълумот бериш столи

platja

пляж

carta de crèdit

омонат карта

esmorzar

нонушта

dinar

нонушта

sopar

кечки овқат

bitllet

чипта

ascensor

лифт

segell

марка

frontera

чегара

duana

божхона

ambaixada

элчихона

visat

виза

passaport

паспорт

transport
транспорт

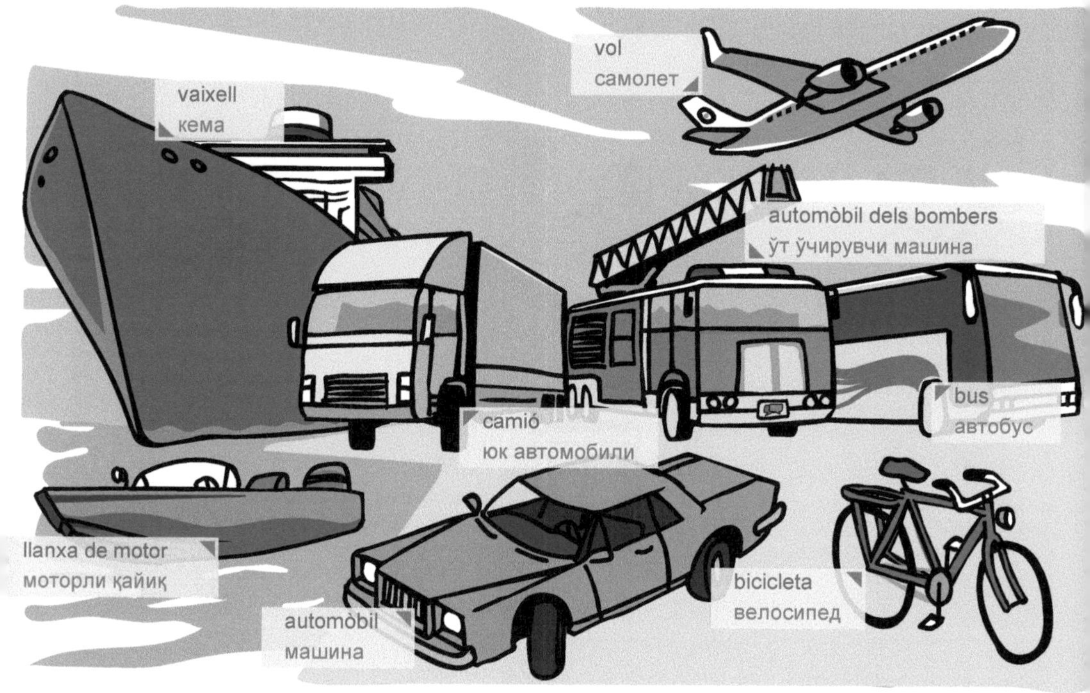

vol
самолет
vaixell
кема
automòbil dels bombers
ўт ўчирувчи машина
bus
автобус
camió
юк автомобили
llanxa de motor
моторли қайиқ
automòbil
машина
bicicleta
велосипед

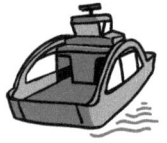

transbordador
солсимон ясси кема

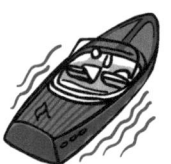

barca
қайиқ

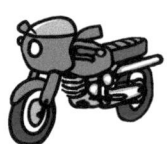

moto
мотоцикл

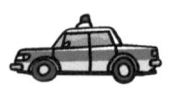

automòbil de policia
посбон машинаси

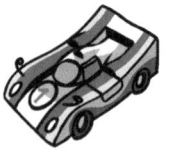

automòbil de curses
пойга машинаси

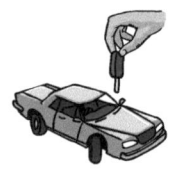

automòbil de lloguer
ижарага олинган автоулов

vehicle compartit

автоижара

grua

шатакка олувчи юк автомобили

camió de les escombraries

ахлат машинаси

motor

мотор

benzina

ёқилғи

benzineria

ёқилғи қуйиш шаҳобчаси

senyal de trànsit

йўл белгиси

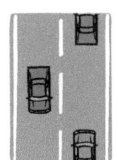

trànsit

йўл ҳаракати

embús

тирбанд

aparcament

автомобил тўхтаб туриш жойи

estació de trens

поезд бекати

vies

рельс

tren

поезд

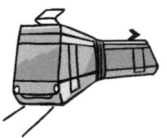

tramvia

трамвай

vagó

вагон

helicòpter

вертолёт

aeroport

аэропорт

torre

минора

passatger

йўловчи

contenidor

контейнер

capsa de cartó

қоғоз қути

carretó

аравача

cistella

сават

enlairar-se / aterrar

учмоқ / қўнмоқ

ciutat

шаҳар

poble

қишлоқ

centre de la ciutat

шаҳар маркази

casa

уй

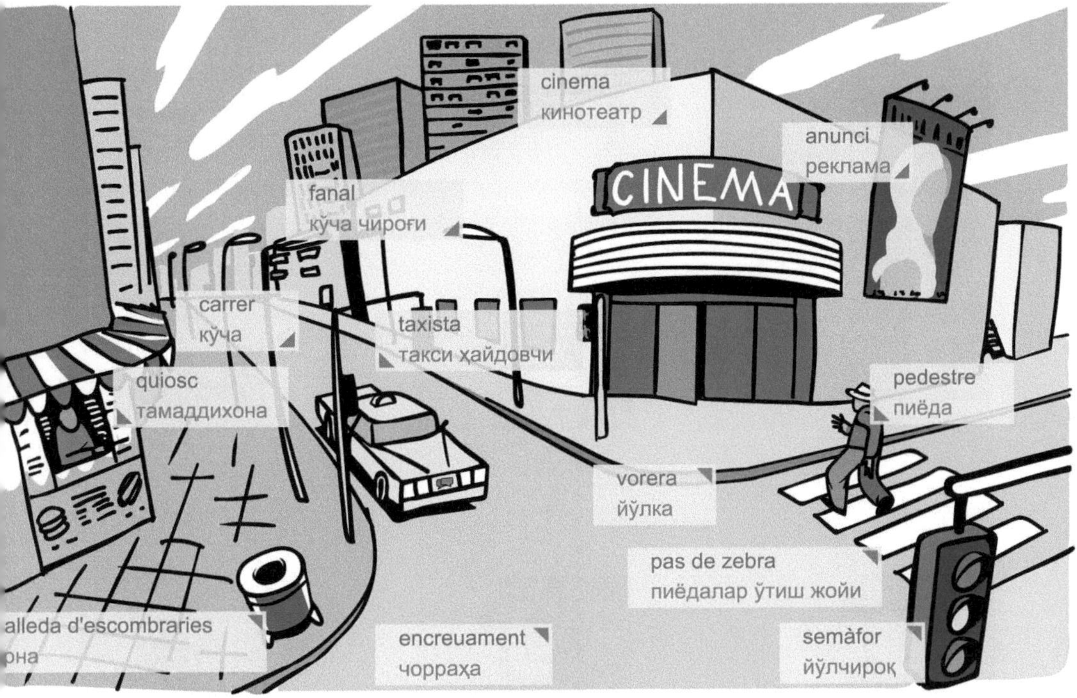

cinema
кинотеатр

anunci
реклама

fanal
кўча чироғи

carrer
кўча

taxista
такси ҳайдовчи

quiosc
тамаддихона

pedestre
пиёда

vorera
йўлка

pas de zebra
пиёдалар ўтиш жойи

alleda d'escombraries
рна

encreuament
чорраҳа

semàfor
йўлчироқ

cabana

кулба

apartament

квартира

estació de trens

поезд бекати

casa de la vila-ciutat

маҳаллий ҳокимият
биноси

museu

музей

escola

мактаб

universitat

олийгоҳ

banca

банк

hospital

шифохона

hotel

меҳмонхона

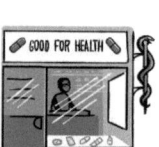

farmàcia

дорихона

oficina

идора

llibreria

китоб дўкони

botiga

дўкон

floristeria

гул дўкони

supermercat

супермаркет

mercat

бозор

gran magatzem

универмаг

peixateria

балиқ дўкони

centre comercial

савдо маркази

port

бандаргоҳ

parc

истироҳат боғи

banc

банк

pont

кўприк

escala

зинапоя

metro

метро

túnel

ер ости йўли

parada d'autobús

автобус бекати

bar

бар

restaurant

ресторан

bústia de correu

почта қутиси

senyal indicador

кўча ёзув осма тахтаси

parquímetre

тўхтаб туриш вақтини
ҳисоблагич

zoo

ҳайвонот боғи

piscina

бассейн

mesquita

масжид

granja

чорвачилик хўжалиги

pol·lució

атроф-муҳит ифлосланиши

cementiri

қабристон

església

ибодатхона

parc infantil

болалар ўйингоҳи

temple

эҳром

paisatge

манзара

fulla
япроқ

cartell indicador
йўлкўрсатгич

camí
йўл

prat
ўтлоқ

pedra
тош

arbre
дарахт

excursionista
пиёда сайёҳ

riu
дарё

gespa
майса

flor
гул

vall
водий

muntanya
қир

llac
кўл

bosc
ўрмон

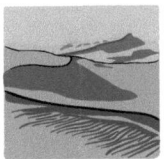

desert
чўл

volcà
вулкан

castell
қалъа

arc de Sant Martí
камалак

bolet
қўзиқорин

palmera
пальма дарахти

moscard
пашша

mosca
чивин

formiga
чумоли

abella
асалари

aranya
ўргимчак

escarabat

қўнғиз

granota

қурбақа

esquirol

олмахон

eriçó

типратикон

llebre

қуён

òliba

укки

ocell

қуш

cigne

оққуш

senglar

эркак чўчқа

cervo

буғу

ant

бутоқ шоҳли кийик

presa

тўғон

turbina

шамол генератори

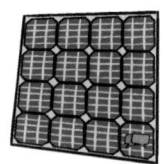

panell solar

қуёш батареяси

clima

иқлим

restaurant

ресторан

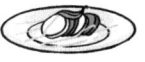

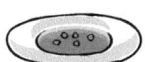

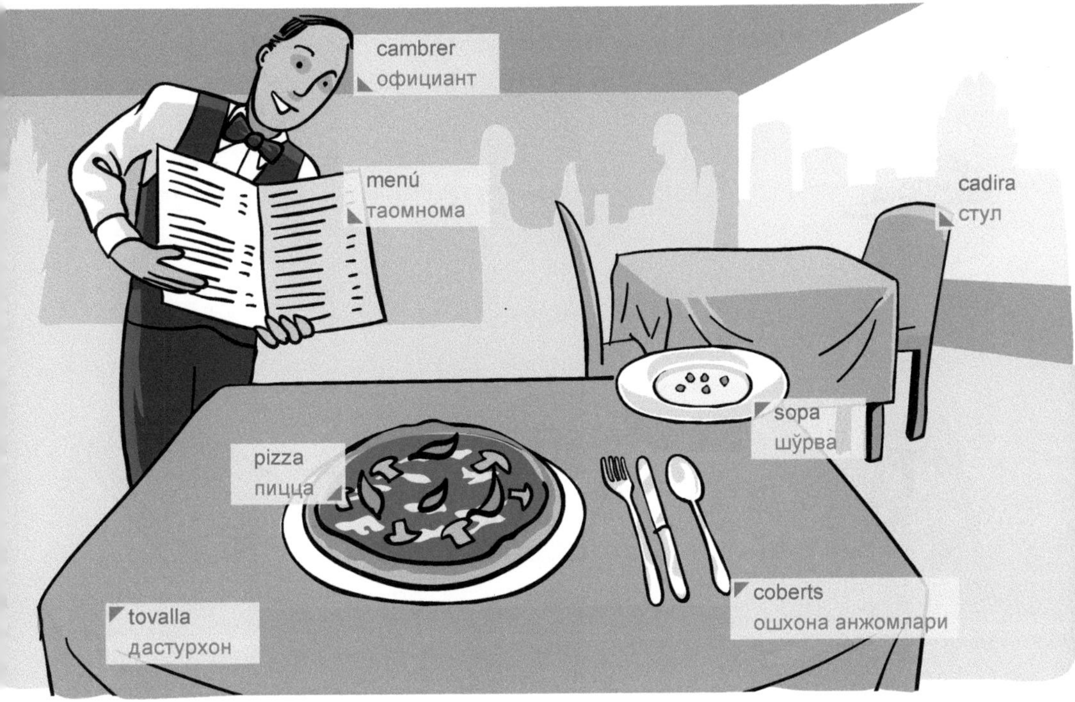
cambrer
официант
menú
таомнома
cadira
стул
sopa
шўрва
pizza
пицца
coberts
ошхона анжомлари
tovalla
дастурхон

primer plat
газак

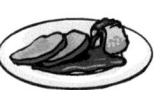

plat principal
асосий таом

darreries
десерт

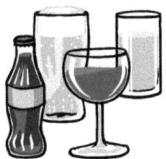

begudes
ичимликлар

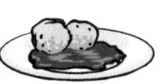

menjar
таом

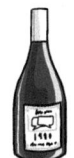

ampolla
бутилка

menjar ràpid

тез пишар таом

menjar de carrer

кўча таоми

tetera

чойнак

sucrer

шакардон

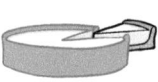

porció

порция

màquina d'espresso

эспрессо кофе машинаси

trona

болалар курсичаси

factura

ҳисоб

plata

лаган

ganivet

пичоқ

forqueta

санчқи

cullera

қошиқ

cullereta

чой қошиқ

tovalló

кўл сочиқ

got

стакан

restaurant - ресторан

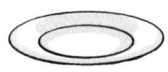

plat

ликоп

plat de sopa

шўрва коса

plateret

тақсимча

salsa

қайла

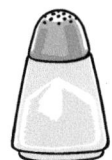

saler

туздон

molinet de pebre

қалампир янчгич

vinagre

сирка

oli

ёғ

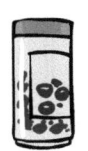

espècies

зираворлар

quètxup

кетчуп

mostassa

хантал

maionesa

майонез

supermercat

супермаркет

oferta especial
чегирма
FOR
client
мижоз
productes lactis
сут маҳсулотлари
fruites
мева
carret de la compra
харид араваси

BUTCHERS

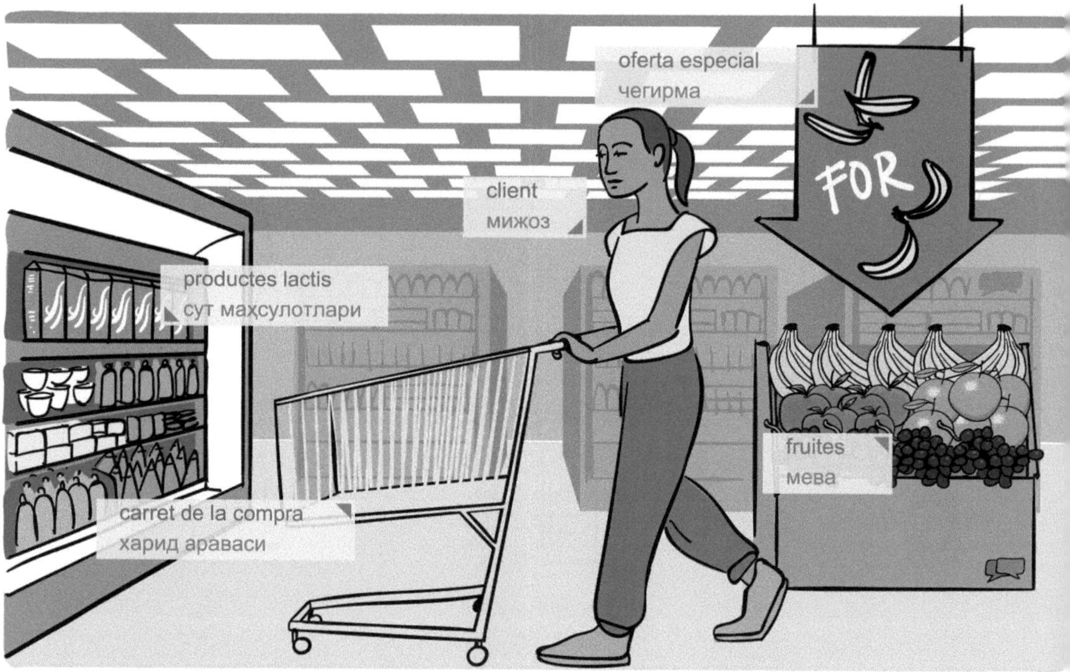

carnisseria

қассобхона

BAKERY

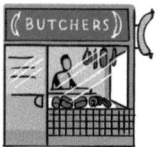

forn de pa

нонвойхона

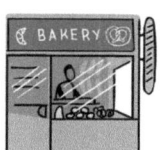

pesar

тарозида ўлчамоқ

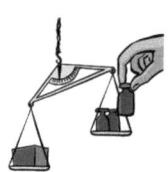

verdures

сабзавот

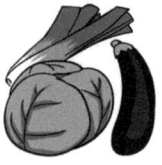

carn

гўшт

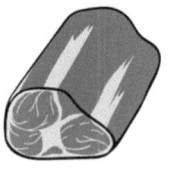

menjar congelat

музлатилган таомлар

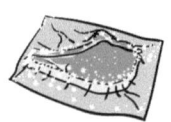

carn freda

яхна гўшт

conserves

консерва

detergent en pols

кир ювиш воситаси

dolços

ширинликлар

articles domèstics

кундалик истеъмол
моллар

productes de neteja

ювиш воситалари

venedora

сотувчи

caixa registradora

касса аппарати

caixera

ғазначи

llista de la compra

харид рўйхати

horari d'obertura

иш вақти

portamonedes

ҳамён

carta de crèdit

омонат карта

bossa

халта

bossa de plàstic

целлофан халта

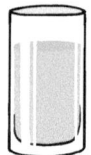

aigua

сув

suc

шарбат

llet

сут

coca-cola

кока-кола

vi

вино

cervesa

пиво

alcohol

спиртли ичимлик

cacau

какао

te

чой

cafè

кофе

espresso

эспрессо

cappuccino

капучино

banana

банан

poma

олмахон

taronja

апельсин

síndria

қовун

llimona

лимон

pastanaga

сабзи

all

саримсоқ

bambú

бамбук

ceba

пиёз

bolet

қўзиқорин

avellanes

ёнғоқ

fideus

лағмон

espaguetis

спагетти

arròs

гуруч

amanida

салат

patates fregides

картошка-фри

patates fregides

қовурилган картошка

pizza

пицца

hamburguesa

гамбургер

entrepà

сэндвич

escalopa

тўқмоқланган тўш қиймаси

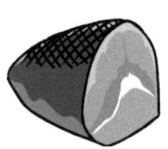

cuixot

дудланган чўчқа гўшти

salami

салями колбасаси

salsitxa

сосиска

pollastre

товуқ гўшти

rostit

қовурилган

peix

балиқ

flocs de civada

сули бўтқаси

musli

мюсли

cereals

маккажўхори ёрмаси

farina

ун

croissant

француз булочкаси

panet

булочка

pa

нон

torrada

қизартирилган нон бўлаги

bescuits

пиширик

mantega

сариёғ

mató

творог

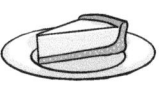

pastís

пирог

ou

тухум

ou fregit

қовурилган тухум

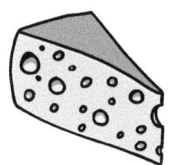

formatge

пишлоқ

gelat

музқаймоқ

sucre

шакар

mel

асал

melmelada

мураббо

crema de xocolata

шоколад пастаси

curri

зарчава

granja

чорвачилик хўжалиги

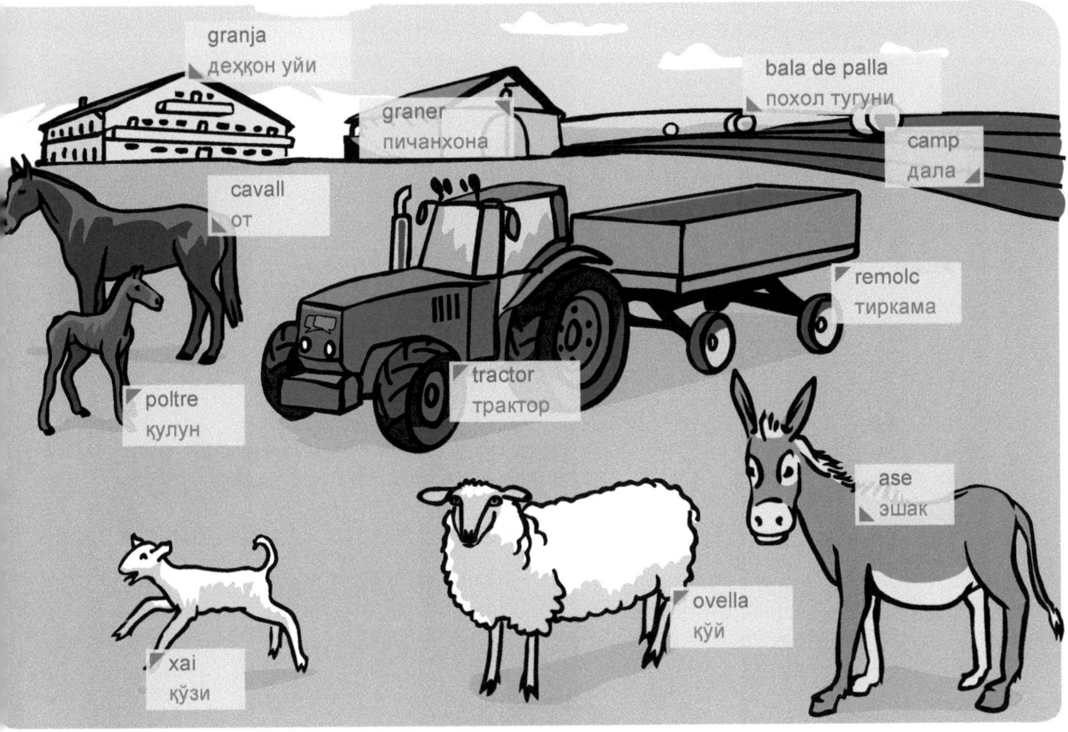

granja
деҳқон уйи
bala de palla
похол тугуни
graner
пичанхона
camp
дала
cavall
от
remolc
тиркама
tractor
трактор
poltre
қулун
ase
эшак
ovella
қўй
xai
қўзи

cabra

эчки

vaca

сигир

vedella

бузоқ

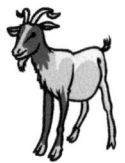

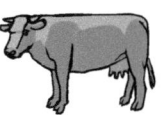

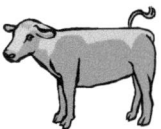

porc

чўчқа

garrí

чўчқа боласи

bou

буқа

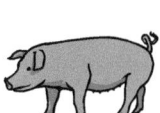

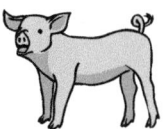

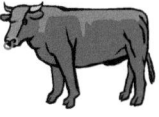

oca

ғоз

ànec

ўрдак

poll

жўжа

gall

товуқ

gallina

хўроз

rata

каламуш

gat

мушук

ratolí

сичқон

bou

ҳўкиз

gos

ит

gossera

каталак

mànega de regar

ҳовли боғ шланги

regadora

гулчелак

dalla

белўроқ

arada

темир омоч

falç

қўлўроқ

aixada

чопқи

forca

паншаха

destral

болта

carretó

ғалтакарава

abeurador

охур

lletera

сут бидони

sac

тўрва

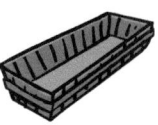

tanca

панжара

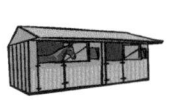

establa

оғилхона

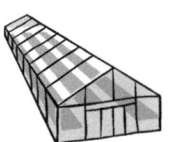

hivernacle

иссиқхона

sòl

тупроқ

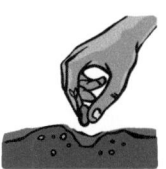

llavor

уруғ

adob

ўғит

collidora

комбайн

collir

ҳосил олмоқ

collita

йиғим-терим

nyam

ямс

blat

буғдой

soja

соя

patata

картошка

blat de moro o d'indi

маккажўхори

colza

рапс уруғи

arbre fruiter

мевали дарахт

mandioca

маниок

cereals

ёрма

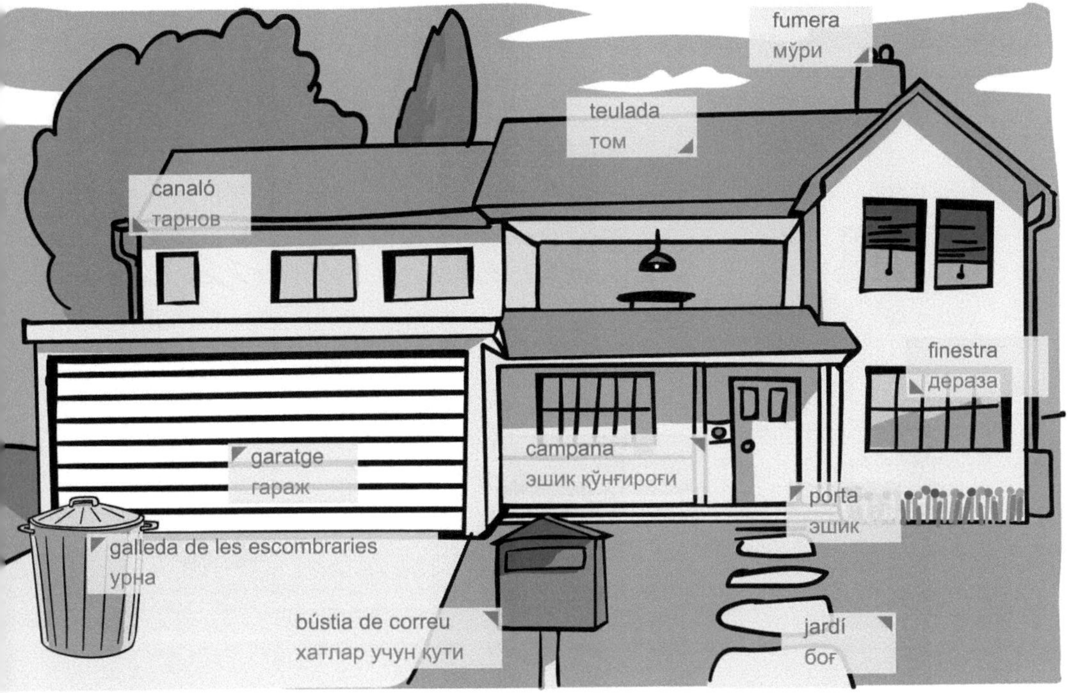

fumera
мўри

teulada
том

canaló
тарнов

finestra
дераза

garatge
гараж

campana
эшик қўнғироғи

porta
эшик

galleda de les escombraries
урна

bústia de correu
хатлар учун кути

jardí
боғ

sala d'estar

мехмонхона

bany

ваннахона

cuina

ошхона

cambra de dormir

ётоқхона

cambra de nen

болалар хонаси

menjador

ошхона

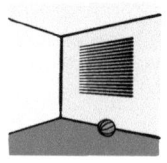

sòl

пол

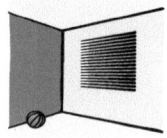

paret

девор

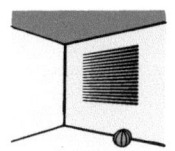

sostre

шип

soterrani

подвал

sauna

сауна

balcó

болохона айвони

terrassa

айвон

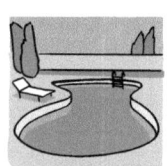

piscina

бассейн

tallagespa

ўт ўргич машина

vànova

кўрпажилд

cobrellit

чойшаб

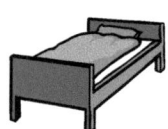

llit

кроват

escombra

супурги

galleda

пақир

interruptor

мурват

sala d'estar
меҳмонхона

paper de paret
гулқоғоз
quadre
сурат
làmpada
чироқ
prestatge
токча
armari
жавон
televisor
телевизор
escalfapanxes
ўчоқ
flor
гул
coixí
ёстиқ
sofà
диван
gerro
гулдон
telecomanda
масофадан бошқариш пульти

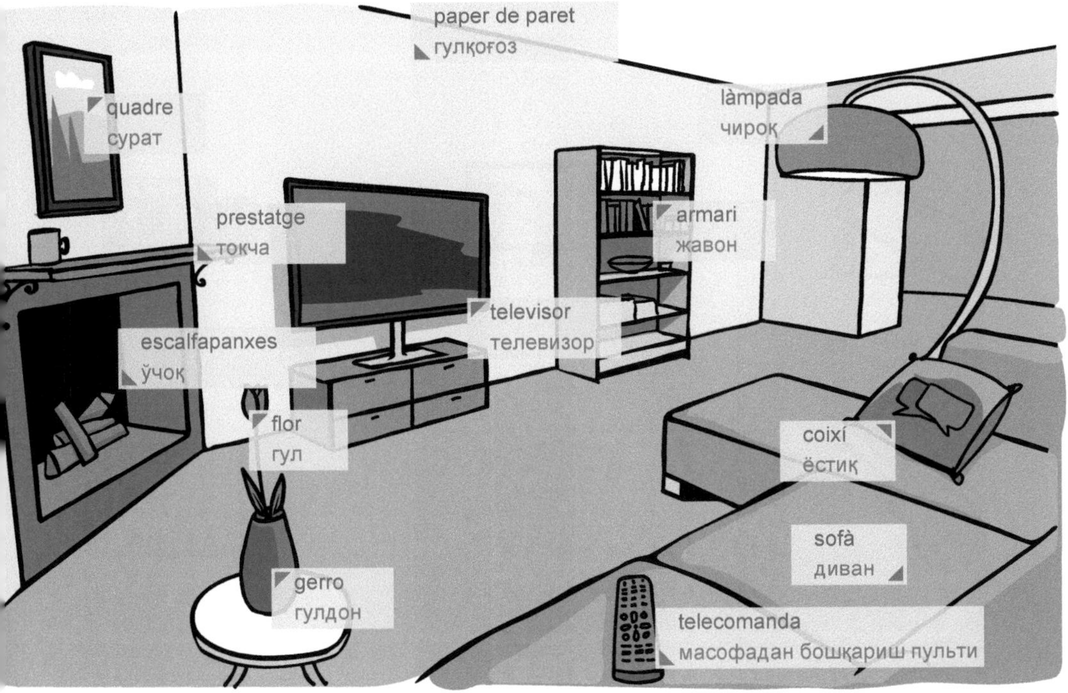

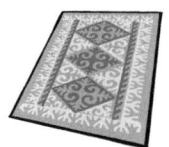

catifa

гилам

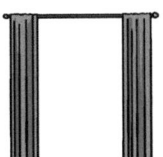

cortina

парда

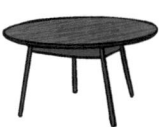

taula

стол

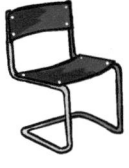

cadira

стул

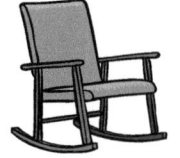

cadira gronxadora

тебранма курси

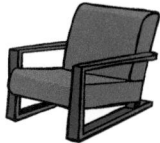

cadiral

кресло

llibre

китоб

llençol

кўрпа

decoració

ҳашам

llenya

ўтин

film

кино

cadena de música

стерео қурилма

clau

калит

diari

рўзнома

pintura

расм

cartell

плакат

ràdio

радио

bloc de notes

ён дафтар

aspiradora

чанг ютгич

cactus

кактус

candela

шам

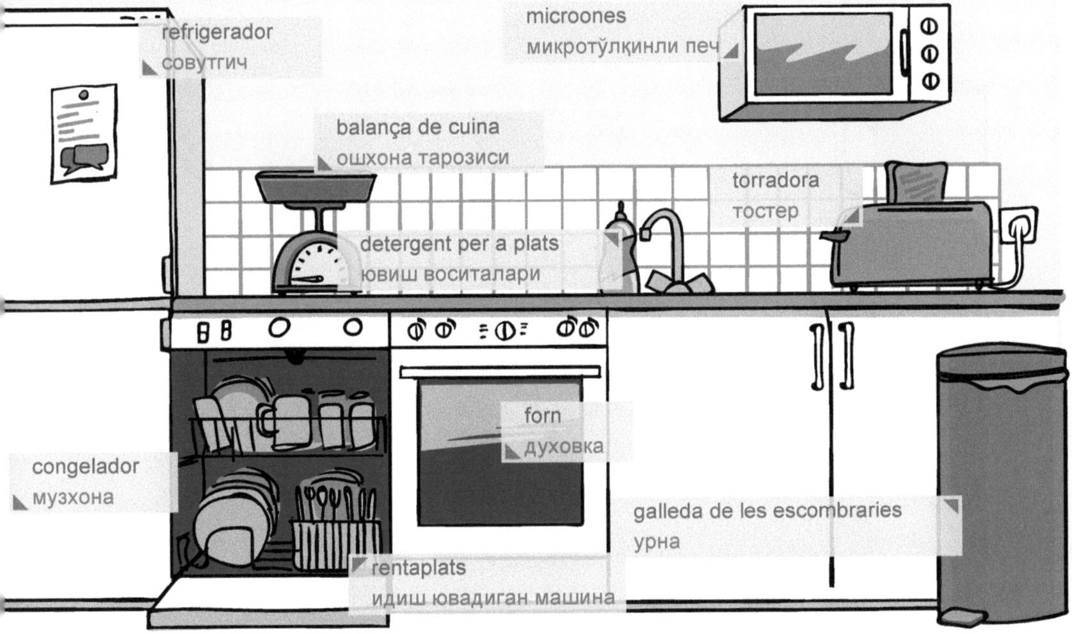

microones
микротўлқинли печ

refrigerador
совутгич

balança de cuina
ошхона тарозиси

torradora
тостер

detergent per a plats
ювиш воситалари

forn
духовка

congelador
музхона

galleda de les escombraries
урна

rentaplats
идиш ювадиган машина

cuina de fogons

плита

olla

кастрюль

olla de ferro colat

чўян қозон

wok / karahi

бўртма тубли това

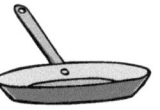

paella

това

bullidor

човгун

olla de vapor

мантиқасқон

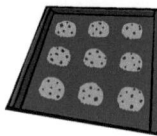

plata de forn

тунука това

vaixella

идиш

tassa grossa

кружка

bol

коса

bastonets xinesos

таом ейиш таёқчалари

culler

чўмич

espàtula

куракча

batedor

кўпиртиргич

colador

элак

sedàs

элак

ratllador

қирғич

morter

ҳовонча

barbacoa

гриль

foc a terra

олов

taula de tallar

оштахта

corró

жува

llevataps

пармасимон тиқин очгич

pot de conserva

консерва

obridor

консерва очгич

agafador

тутгич

aigüera

унитаз

raspall

идиш чўтка

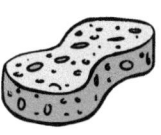

esponja

қозонсочиқ

batedora

қориштиргич

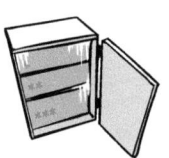

congelador

музлатгич

biberó

сўрғичли чақалоқ
бутилкаси

aixeta

кран

bany

ваннахона

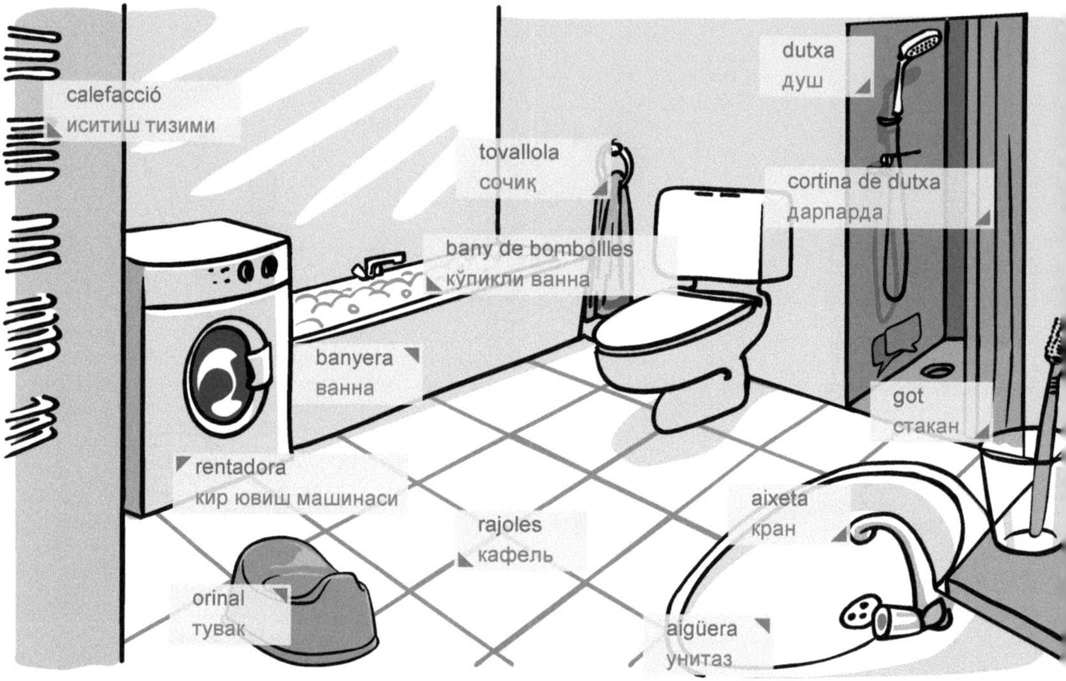

calefacció
иситиш тизими
dutxa
душ
tovallola
сочиқ
cortina de dutxa
дарпарда
bany de bombollles
кўпикли ванна
banyera
ванна
got
стакан
rentadora
кир ювиш машинаси
aixeta
кран
rajoles
кафель
orinal
тувак
aigüera
унитаз

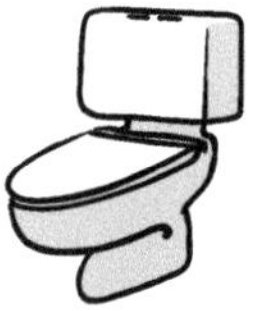

lavabo

ҳожатхона

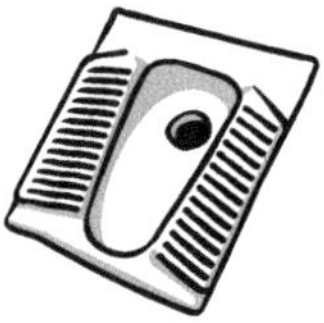

lavabo turc

полга ўрнатиладиган унитаз

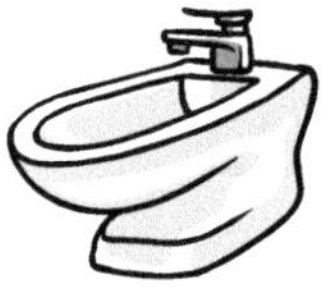

bidet

таҳоратдон

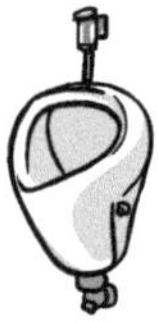

orinador

сийдик унитази

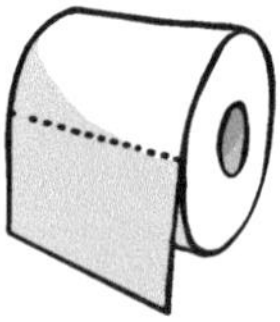

paper higiènic

ҳожатхона қоғози

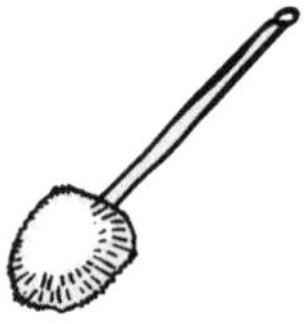

escombreta de sanitari

ҳожатхона чўткаси

raspall de dents

тиш чўтка

pasta de dents

тиш пастаси

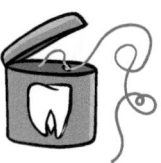

fil dental

тиш тозалагич ип

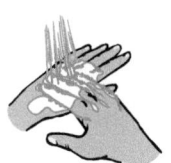

rentar

ювмоқ

pom de dutxa

дастакли душ

dutxa íntima

таҳорат учун душ

rentamans

тоғора

raspall per a l'esquena

елка қашлайдиган чўтка

sabó

совун

gel de dutxa

душ учун гель

xampú

шампунь

manyopla de bany

мочалка

bonera

қувур

crema

крем

desodorant

дезодарант

mirall

кўзгу

mirall-espill de mà

қўл кўзгуси

maquineta de rasar

устара

espuma de barbejar

устара учун кўпик

loció post-rasada

салқинлантирувчи
бальзам

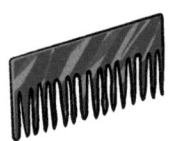

pinta

тароқ

raspall

чўтка

eixugador

фен

laca

соч учун лак

maquillatge

пардоз-андоз

pintallavis

лаб учун помада

esmalt d'ungles

тирноқ лаки

cotó

пахта

tallaungles

тирноқ қайчиси

perfum

духи

estoig de bellesa

пардоз-андоз халтаси

tamboret

курси

bàscula

тарози

barnús

чўмилиш халати

guants de goma

резина қўлқоп

compresa higiènica

тампон

compresa

гигиеник таглик

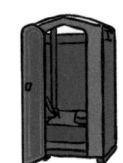

sanitari químic

биохожатхона

cambra de nen
болалар хонаси

despertador
бонг соат
animal de peluix
юмшоқ ўйинчоқ
auto de joguina
ўйинчоқ машина
sonall
шақилдоқ
casa de nines
қўғирчоқ уй
present
совға

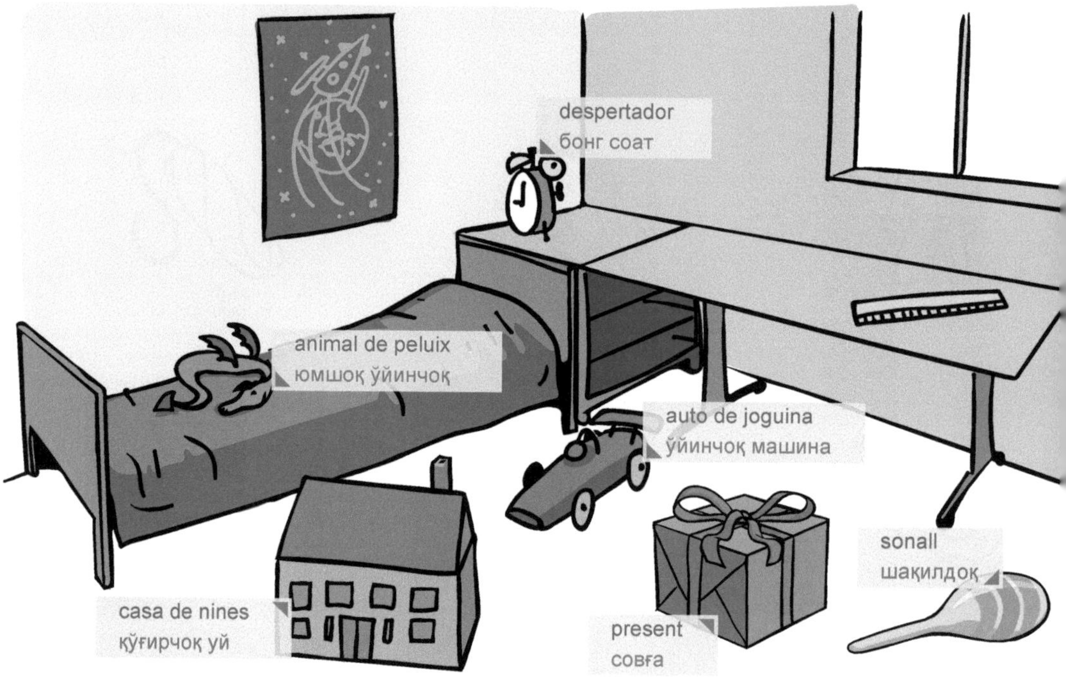

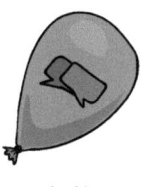

baló

шар

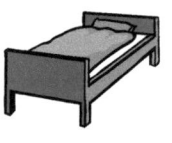

llit

кроват

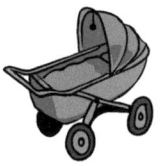

cotxet per a nens

болалар аравачаси

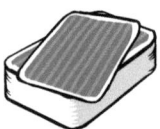

joc de cartes

карта тўплами

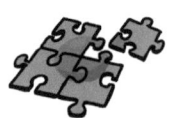

trencaclosca

терма тасвир

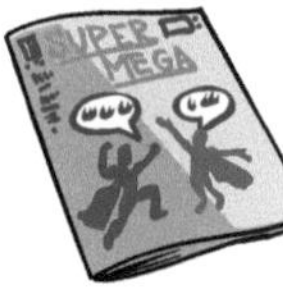

historieta

кулгили саҳна асари

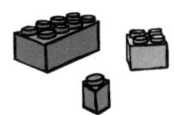

peces de lego

лего ғиштлари

peces de construcció

ўйинчоқ кубиклар

ninot d'acció

ўйинчоқ қаҳрамон

granota

ползунка

frisbee

учар ликопча

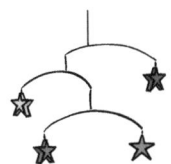

mòbil per a bressol

осма шақилдоқ

joc de taula

стол ўйини

daus

ошиқ

tren elèctric

поезд макети

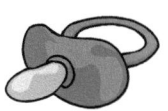

xumet

сўрғич

festa

ўтириш

llibre de dibuixos

расмли китоб

pilota

копток

nina

қўғирчоқ

jugar

ўйнамоқ

sorrera

қумдон

gronxador

арғимчоқ

joguines

ўйинчоқлар

consola de jocs de vídeo

ўйин приставкаси

tricicle

уч ғилдиракли велосипед

osset de peluix

бахмал айиқ

armari

кийим шкафи

roba

кийим

mitjons

пайпоқ

mitges

чулки

mitja pantaló

колготка

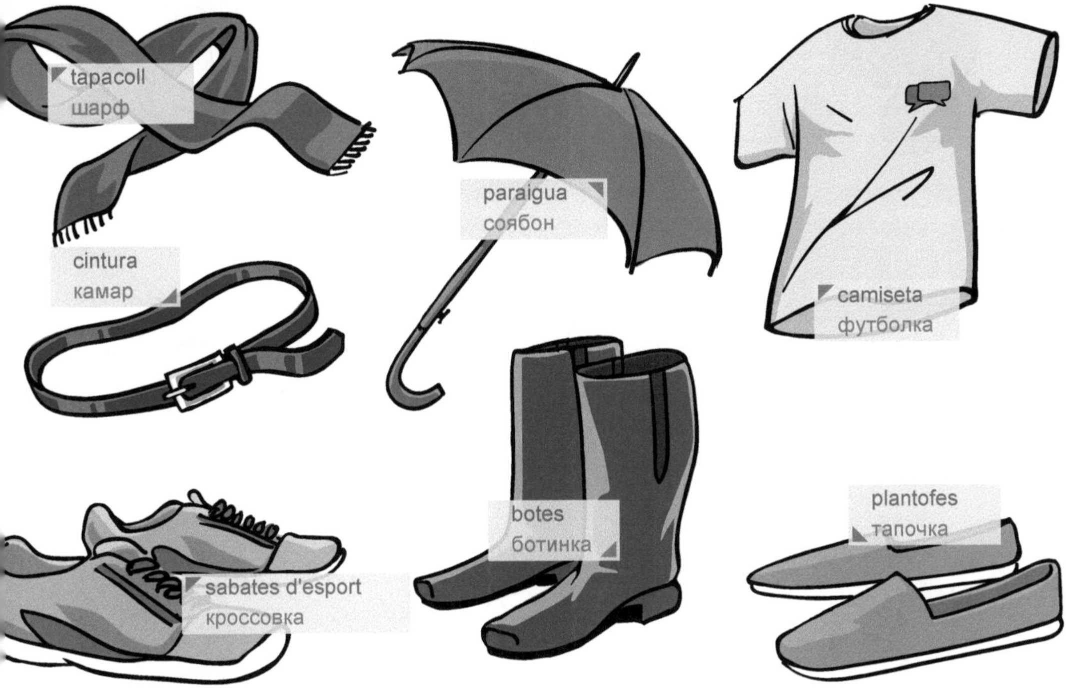

tapacoll
шарф

paraigua
соябон

cintura
камар

camiseta
футболка

botes
ботинка

plantofes
тапочка

sabates d'esport
кроссовка

sandàlies

шиппак

sabates

туфли

botes de goma

резина этик

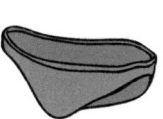

calçonets

тор турсик

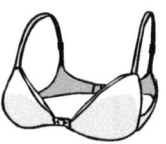

sostenidor

кўкракпеч

guardapits

майка

jjustacòs

боди

pantalons

иштон

jeans

жинси

faldeta

юбка

brusa

кофта

camisa

кўйлак

jersei

жемпер

dessuadora

узун чакмон

blazer

спорт бичимидаги пиджак

jaqueta

куртка

mantell

пальто

impermeable

плаш

vestit de dona

либос

vestit de dona

кўйлак

vestit de núvia

келин кўйлак

vestit d'home

костюм шим

camisa de dormir

тунги кўйлак

pijama

пижама

sari

сари

mocador de cap

шолрўмол

turbant

салла

burca

паранжи

caftan

чакмон

abaia

абая

vestit de bany

чўмилиш костюми

calçon(et)s de bany

турсик

pantalons curts

шортик

xandall

спорт костюми

davantal

фартук

guants

қўлқоп

botó

тугма

ulleres

кўзойнак

braçalet

билагузук

collaret

мунчоқ

anell

узук

orellera

сирға

casquet

кепка

penjador

пальто илгак

capell

шляпа

corbata

бўйинбоғ

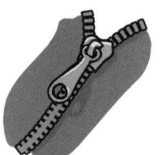

cremallera

замок

casc

дубулға

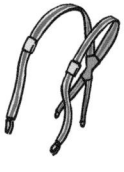

elàstics

шим тортгич

uniforme escolar

мактаб формаси

uniforme

форма

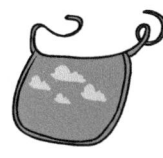

pitet

ошхўрак

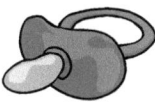

xumet

сўрғич

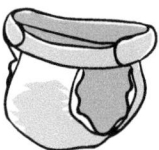

bolquer

таглик

oficina

идора

servidor
сервер
armari arxivador
қоғоз-ҳужжатлар шкафи
impressora
принтер
paper
қоғоз
monitor
экран
ratolí
сичқонча
escriptori
иш столи
arxivador
папка
teclat
клавиатура
paperera
урна
ordinador
компьютер
cadira
стул

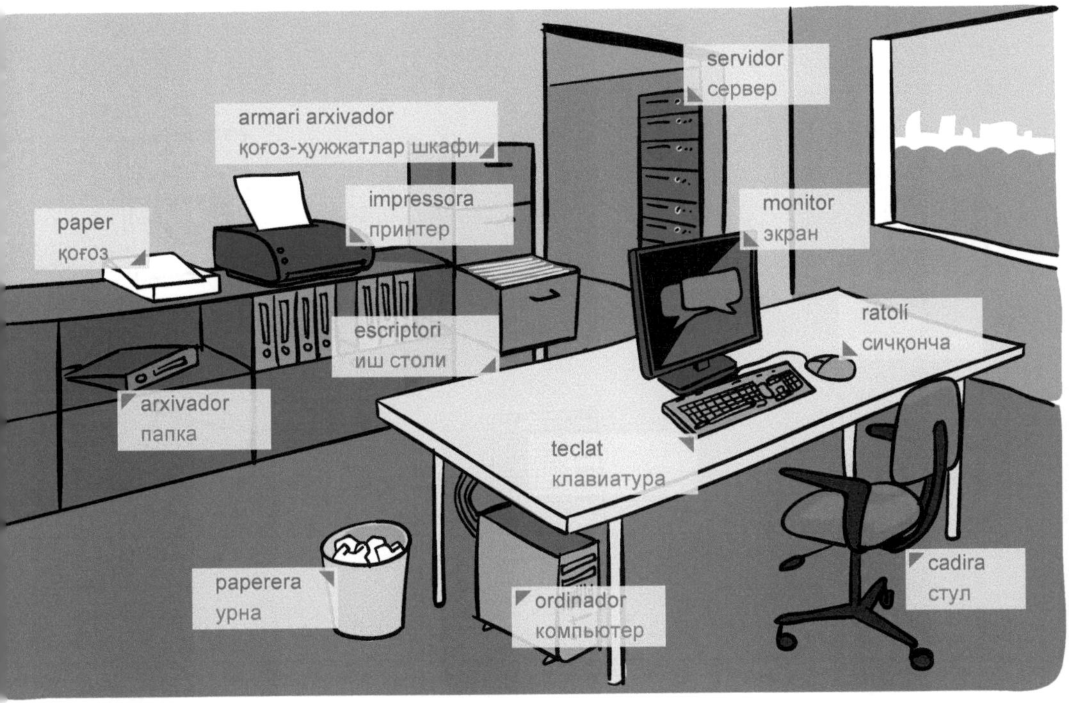

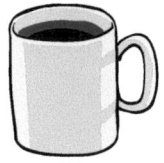

tassa de cafè

кофе кружкаси

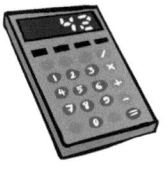

calculadora

калькулятор

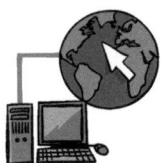

Internet

интернет

ordinador portàtil

ноутбук

lletra

хат

missatge

мактуб

mòbil

уяли телефон

xarxa

тармоқ

fotocopiadora

нусха кўчиргич

programari

дастур

telèfon

телефон

presa de corrent

розетка

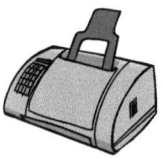

fax

факс

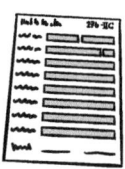

formulari

шакллар

document

хужжат

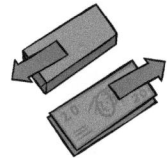

comprar

харид қилмоқ

pagar

тўламоқ

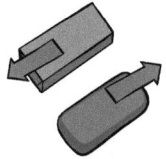

comerciar

савдолашмоқ

diners

пул

USD

dòlar

доллар

EUR

euro

евро

JPY

ien

йен

RUB

ruble

рубль

CHF

franc suís

швейцар франки

CNY

renminbi

Жэньминьби хитой юани

INR

rupia

рупи

caixa automàtica

банкомат

oficina de canvi

пул айирбошлаш шаҳобчаси

or

олтин

argent

кумуш

petroli

нефт

energia

энергия

preu

нарх

contracte

шартнома

impost

солиқ

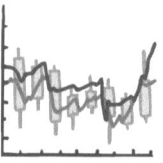

acció

акция

treballar

ишламоқ

treballador

ишчи

empresari

иш берувчи

fàbrica

завод

botiga

дўкон

oficis
касблар

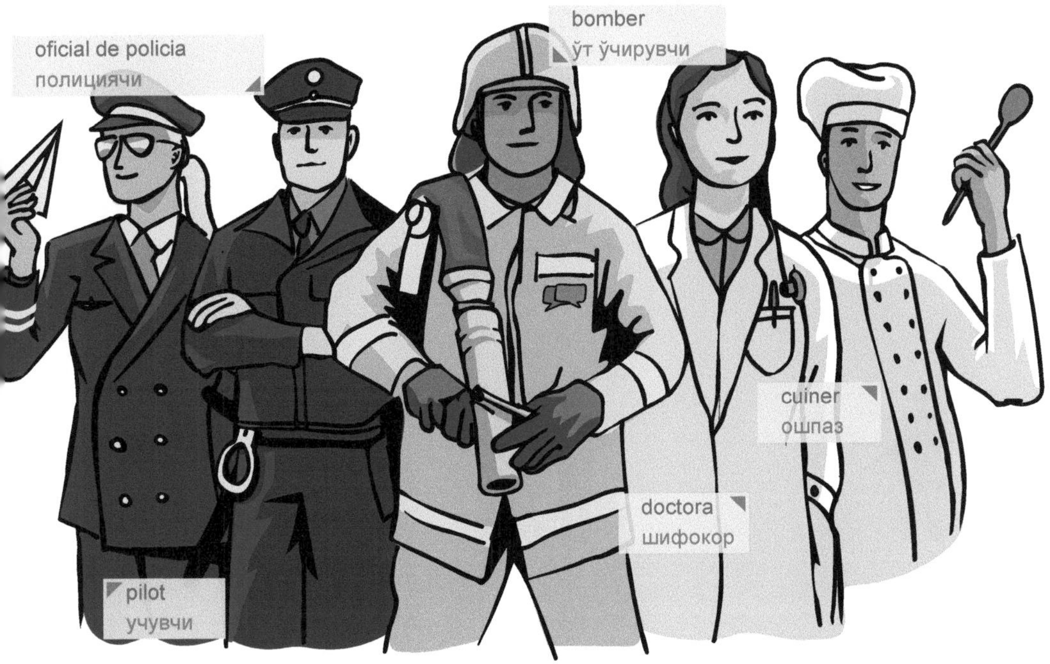
oficial de policia
полициячи
bomber
ўт ўчирувчи
cuiner
ошпаз
doctora
шифокор
pilot
учувчи

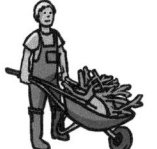

jardiner
боғбон

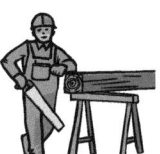

fuster
дурадгор

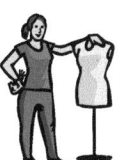

costurera
тикувчи

jutge
ҳакам

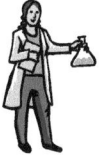

química
кимёгар

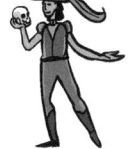

actor
актёр

conductor d'autobús

автобус ҳайдовчиси

taxista

такси ҳайдовчи

pescador

балиқчи

dona de la neteja

фаррош

ensostrador

том устаси

cambrer

официант

caçador

овчи

pintor

бўёқчи

forner

нонвой

electricista

электр устаси

obrer de la construcció

қурувчи

enginyer

муҳандис

carnisser

қассоб

llanterner

сувчи чилангар

correu

почтачи

soldat

аскар

arquitecte

меъмор

caixera

ғазначи

florista

гулчи

perruquer

сартарош

revisor

чиптачи

mecànic

механик

capità

капитан

dentista

тиш шифокори

científic

олим

rabí

яхудийлар руҳонийси

imam

имом

monjo

роҳиб

capellà

руҳоний

eines
асбоблар

martell
болға
tenalles
омбир
descaragolador
отвертка
clau anglesa
гайка очгич
llanterna
чўнтак чироғи

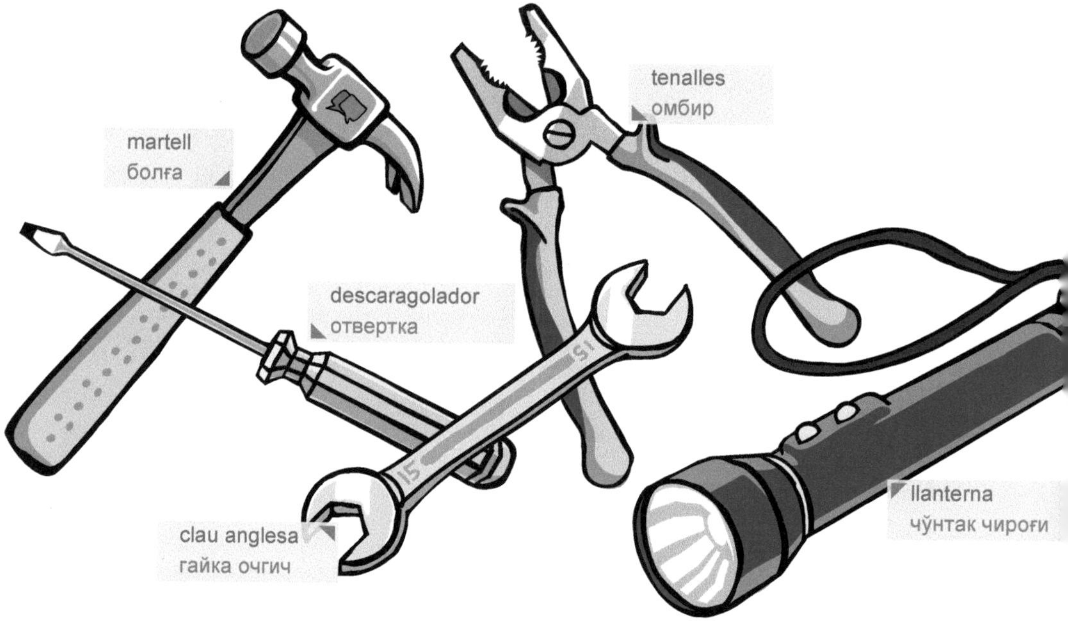

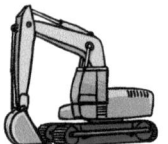

excavadora

экскаватор

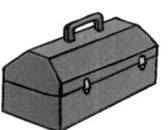

caixa d'eines

асбоблар қутиси

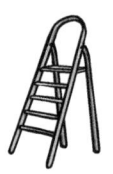

escala

нарвон

serra

қўларра

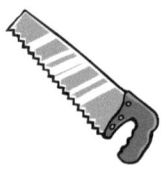

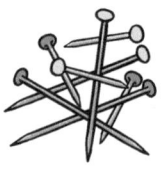

claus

мих

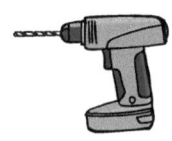

trepant

пармадаста

reparar
....
тузатмоқ

pala
....
белкурак

Maleït siga!
....
Жин урсин!

pala
....
хокандоз

pot de pintura
....
бўёқ идиш

caragols
....
бурама мих

instrument de música
мусиқа асбоблари

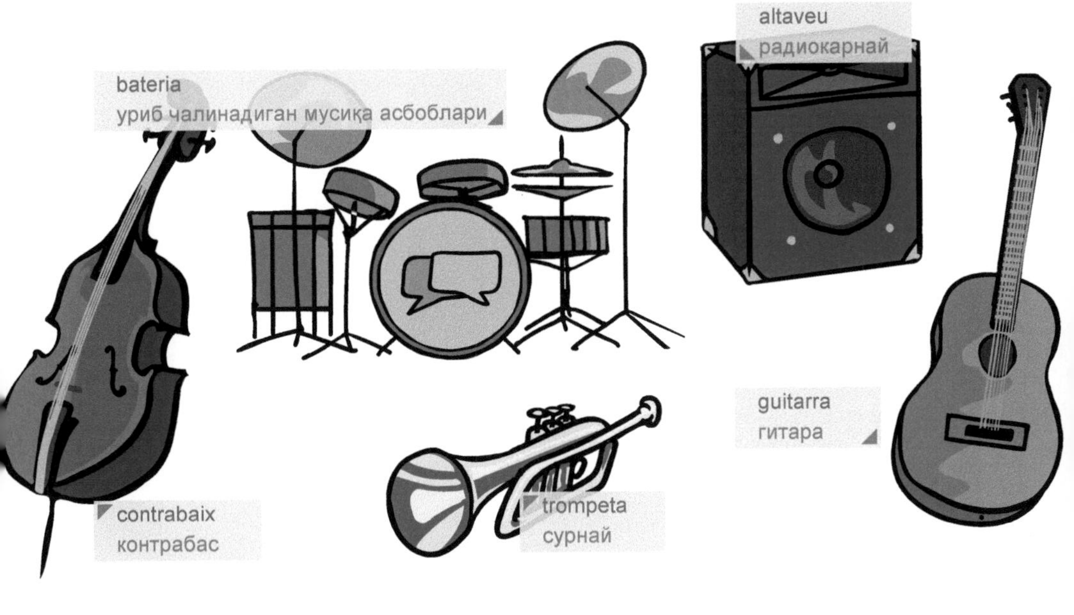

bateria
уриб чалинадиган мусиқа асбоблари

altaveu
радиокарнай

guitarra
гитара

contrabaix
контрабас

trompeta
сурнай

piano

пианино

violí

ғижжак

baix

бас-гитара

timbal

қўшноғора

tambor

дўмбира

teclat

клавиатура

saxofon

саксофон

flauta

най

micròfon

микрофон

instrument de música - мусиқа асбоблари

zoo

ҳайвонот боғи

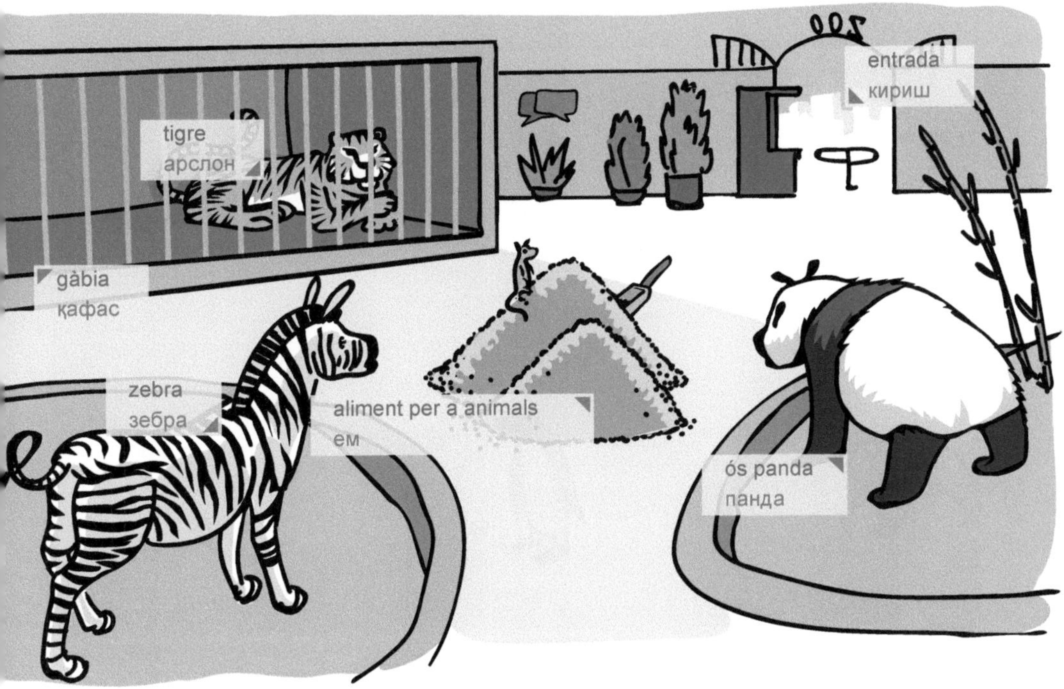
entrada
кириш
tigre
арслон
gàbia
қафас
zebra
зебра
aliment per a animals
ем
ós panda
панда

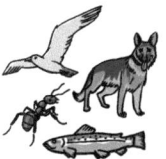

animals

ҳайвонлар

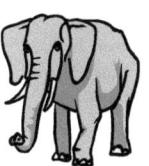

elefant

фил

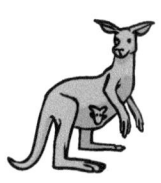

cangurú

кенгуру

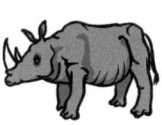

rinoceront

каркидон

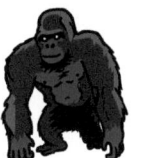

goril·la

горилла

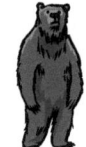

ós

айиқ

camell

туя

estruç

туякуш

lleó

шер

simi

маймун

flamenc

фламинго

papagai

тӯти

ós polar

оқ айиқ

pingüí

пингвин

ca mari

акула

paó

товус

serp

илон

cocodril

тимсоҳ

guardià del zoo

ҳайвонот боғи қоровули

foca

тюлень

jaguar

ягуар

zoo - ҳайвонот боғи

poni

тўпичоқ от

lleopard

қоплон

hipopòtam

бегемот

girafa

жирафа

àliga

бургут

senglar

эркак чўчқа

peix

балиқ

tortuga

тошбақа

morsa

морж

guineu

тулки

gasela

оху

esports
спорт ўйинлари

futbol americà
америка футболи

ciclisme
велосипед ҳайдаш

tenis
теннис

bàsquet
баскетбол

natació
сузиш

boxa
бокс

hoquei sobre gel
муз хоккейи

futbol americà
футбол

bàdminton
бадминтон

atletisme
енгил атлетика

handbol
қўлтўпи

esquí
чанғи учиш

polo
поло

activitats
машғулот

riure
кулмоқ
saltar
сакрамоқ
abraçar
қучмоқ
anar
юрмоқ
cantar
куйламоқ
somiar
ҳаёл қилмоқ
pregar
ибодат қилмоқ
fer un petó
ўпмоқ

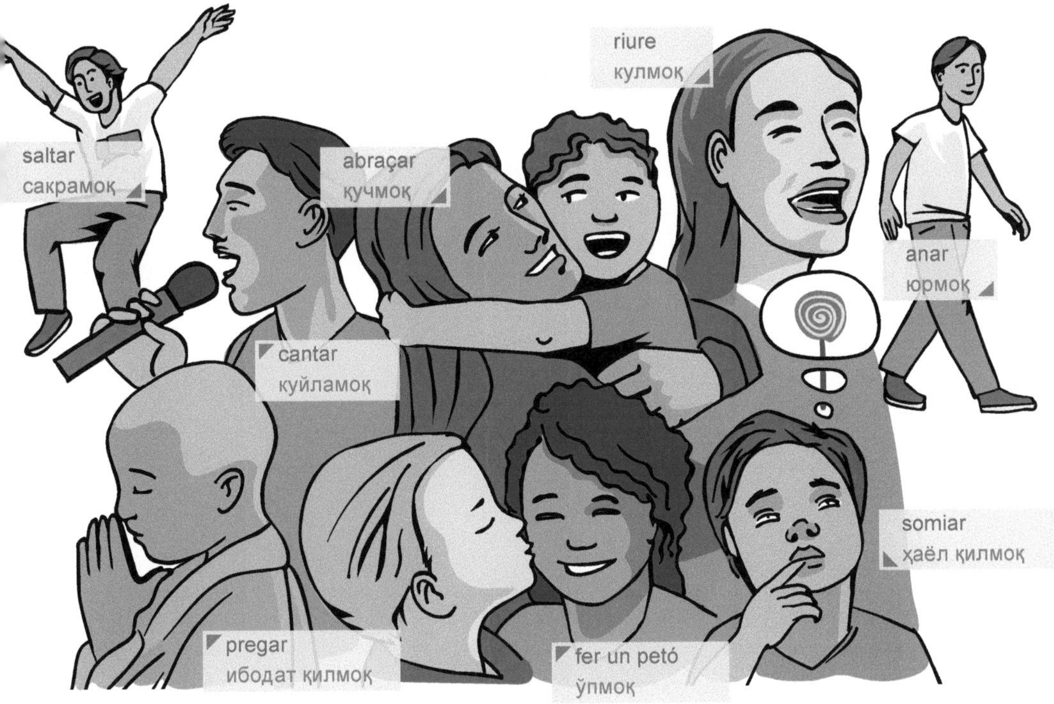

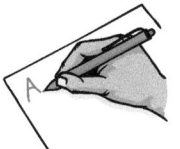

escriure
ёзмоқ

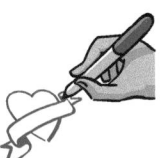

dibuixar
чизмоқ

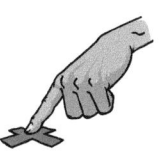

mostrar
кўрсатмоқ

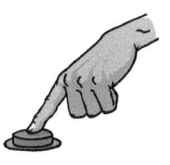

pitjar
итармоқ

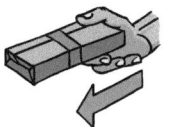

donar
бермоқ

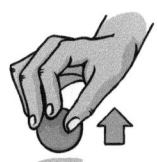

prendre
олмоқ

tenir

эга бўлмоқ

fer

бажармоқ

ésser

бўлмоқ

estar dret

турмоқ

córrer

югурмоқ

estirar

тортмоқ

llançar

улоқтирмоқ

caure

йиқилмоқ

jeure

алдамоқ

esperar

кутмоқ

portar

ташимоқ

asseure's

ўтирмоқ

vestir-se

кийинмоқ

dormir

ухламоқ

despertar-se

уйғонмоқ

mirar

қарамоқ

plorar

йиғламоқ

amoixar

зарба бермоқ

pentinar

тарамоқ

parlar

гаплашмоқ

comprendre

тушунмоқ

demanar

сўрамоқ

escoltar

тингламоқ

beure

ичмоқ

menjar

емоқ

endreçar

йиғиштирмоқ

estimar

севмоқ

cuinar

пиширмоқ

conduir

ҳайдамоқ

volar

учмоқ

navegar

кемада сузмоқ

calcular

ҳисобламоқ

llegir

ўқимоқ

aprendre

ўрганмоқ

treballar

ишламоқ

casar-se

турмуш қурмоқ

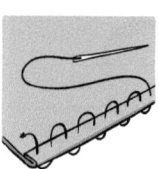

cosir

тикмоқ

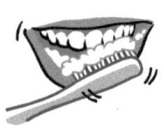

raspallar-se les dents

тиш ювмоқ

matar

ўлдирмоқ

fumar

чекмоқ

enviar

йўлламоқ

activitats - машғулот

família
оила

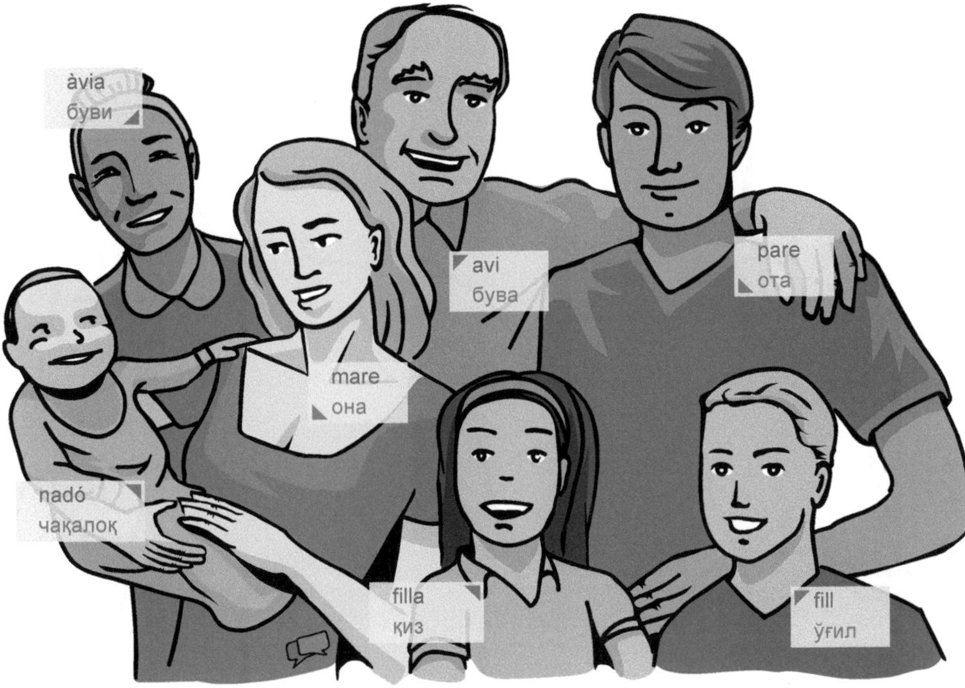
àvia
буви
avi
бува
pare
ота
mare
она
nadó
чақалоқ
filla
қиз
fill
ўғил

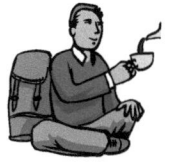

convidat

мехмон

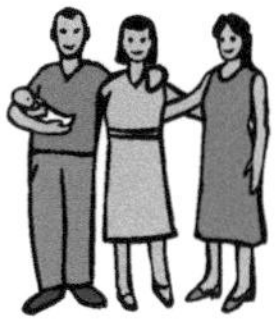

tia

амма

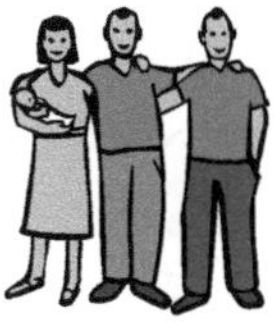

oncle

тоға

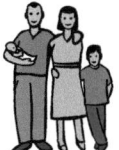

germà

ака

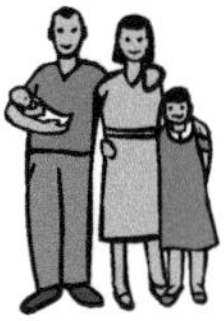

germana

опа

cos

тана

front
пешона
ull
кўз
espatlla
елка
dit
бармоқ
cara
юз
barbeta
ияк
mà
қўл панжалари
cama
оёқ
pit
кўкрак
braç
қўл

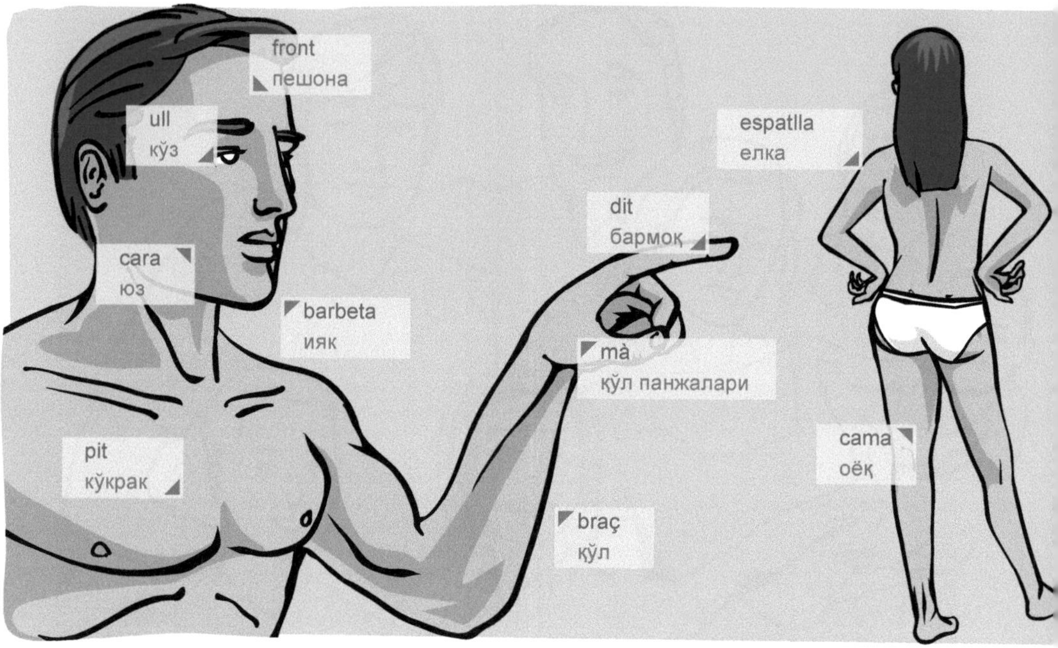

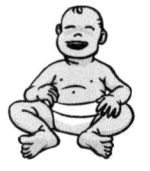

nadó

чақалоқ

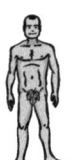

home

одам

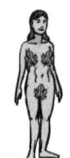

dona

аёл

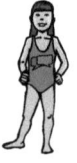

noia

қиз бола

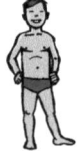

noi

ўғил бола

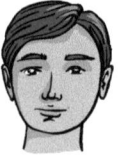

cap

бош

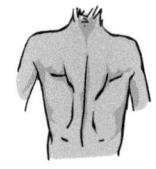

esquena

орқа

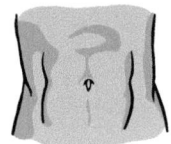

panxa

қорин

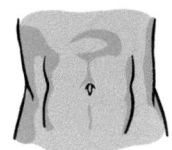

melic

киндик

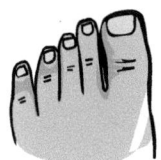

dit gros del peu

оёқ панжаси

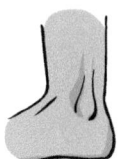

taló

товон

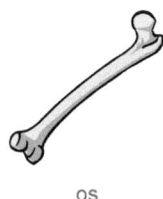

os

суяк

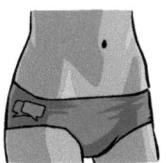

maluc

бел

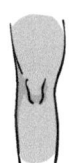

genoll

тизза

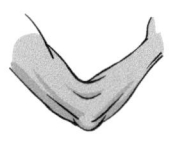

colze

тирсак

nas

бурун

cul

думба

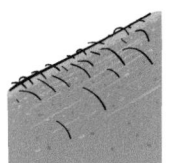

pell

тери

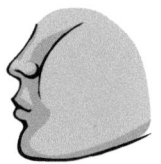

galta

яноқ

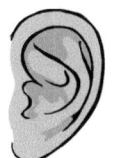

orella

қулоқ

llavi

лаб

boca

оғиз

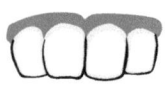

dent

тиш

llengua

тил

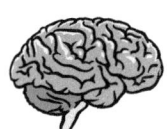

cervell

мия

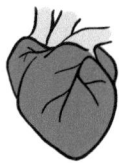

cor

юрак

múscul

мушак

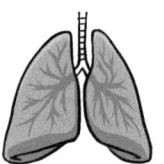

pulmó

ўпка

fetge

жигар

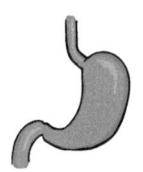

estómac

ошқозон

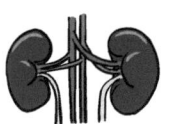

ronyó

буйрак

relació sexual

жинсий алоқа

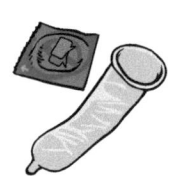

preservatiu

презерватив

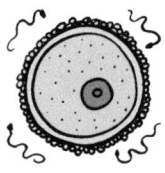

ovari

тухум ҳўжайра

semen

уруғ

prenyat

ҳомиладорлик

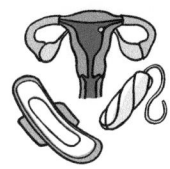

menstruació
....
ҳайз

vagina
....
бачадон

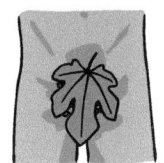

penis
....
олат

cella
....
қош

cabells
....
соч

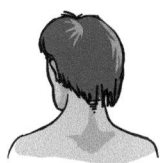

coll
....
бўйин

hospital
шифохона

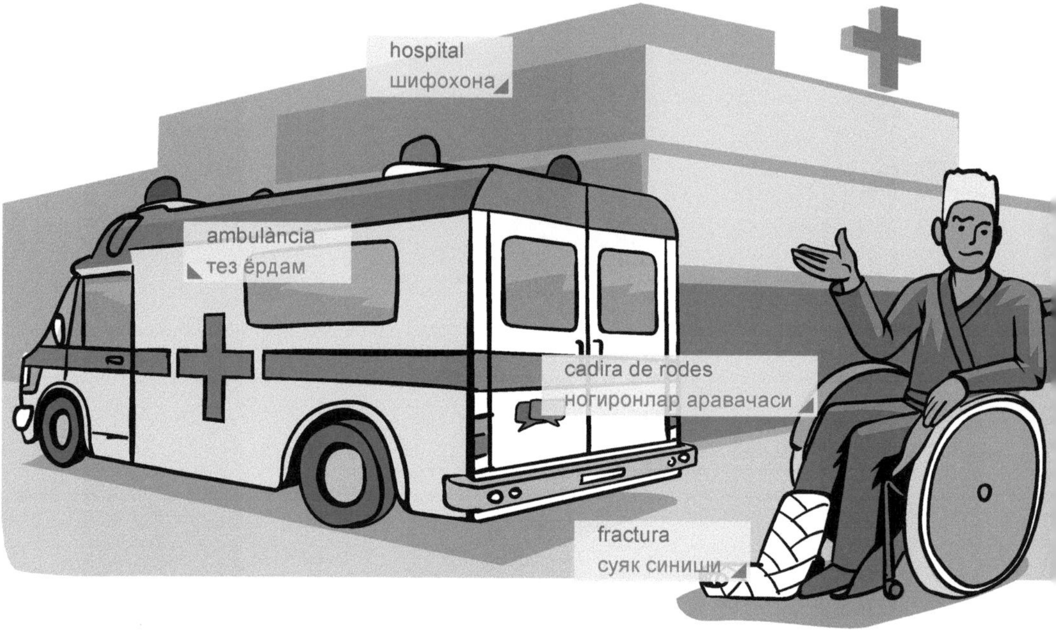

hospital
шифохона
ambulància
тез ёрдам
cadira de rodes
ногиронлар аравачаси
fractura
суяк синиши

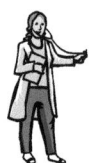

doctora

шифокор

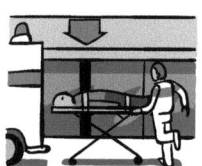

sala d'urgències

Шошилинч тиббий ёрдам кўрсатиш бўлими

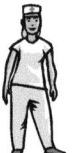

infermera

ҳамшира

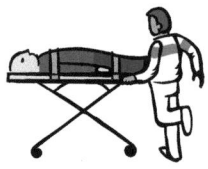

urgència

тез ёрдам

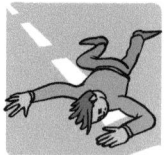

inconscient

ҳушсизлик

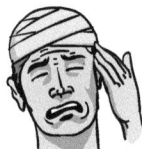

dolor

оғриқ

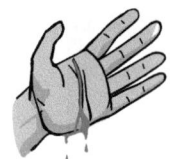

ferida

жароҳат

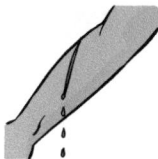

sagnament

қонаш

atac de cor

юрак хуружи

apoplexia

инсульт

al·lèrgia

аллергия

tos

йўтал

febre

иситма

gripa

тумов

diarrea

ич кетиш

mal de cap

бош оғриғи

càncer

саратон касали

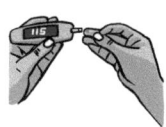

diabetis

қандли диабет

cirurgià

жарроҳ

escalpel

жарроҳ пичоғи

operació

жарроҳлик амалиёти

hospital - шифохона

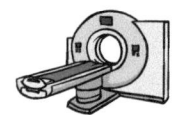

tomografia computada (TC),
TAC
....
томография

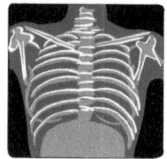

raigs x
....
рентген

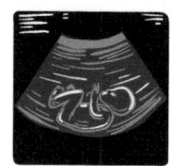

ultrasò
....
ултратовуш текшируви

mascareta
....
юз никоби

malaltia
....
касаллик

sala d'espera
....
қабулхона

crossa
....
кўлтиқтаёқ

tireta
....
малҳамли пластир

embenat
....
бинт

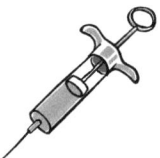

injecció
....
укол

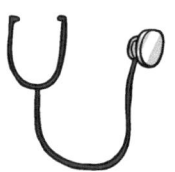

estetoscopi
....
юрак урушини ва ўпкани
эшитиб кўрадиган асбоб

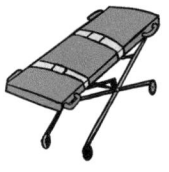

llitera
....
беморлар учун замбил

termòmetre clínic
....
термометр

pariment
....
туғруқ

sobrepès
....
семизлик

aparell auditiu

эшитиш мосламаси

desinfectant

дезинфекцияловчи восита

infecció

инфекция

virus

вирус

VIH / SIDA

ОИВ / ОИТС

medicina

дори

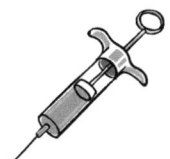

vaccí

эмлаш

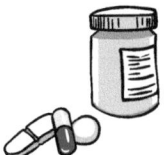

comprimits

таблетка

píl·lola

дори

trucada d'urgència

тез ёрдам қўнғироғи

tensiòmetre

қон босимини ўлчаш
асбоби

malalt / sà

касал / соғлом

Socors!

Ёрдам беринглар!

alarma

хавф-хатар ишораси

assalt

тажовуз

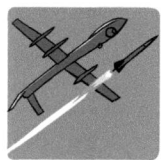

atac

ҳужум

perill

хавф

sortida-eixida d'urgència

фавқулодда ҳолатларда
чиқиш эшиги

Foc!

Ёнғин!

extintor

ўт ўчиргич

accident

фалокат

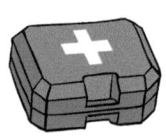

farmaciola de primers
auxilis

биринчи тиббий ёрдам
тўплами

SOS

фалокат сигнали

policia

полиция

Europa

Европа

Amèrica del Nord

Шимолий Америка

Amèrica del Sud

Жанубий Америка

Àfrica

Африка

Àsia

Осиё

Austràlia

Австралия

Atlàntic

Атлантик океани

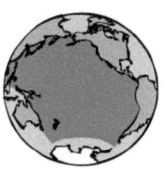

Pacífic

Тинч океани

Oceà Índic

Ҳинд океани

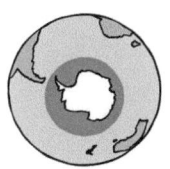

Oceà Antàrtic

Антарктида океани

Oceà Àrtic

Арктика океани

pol nord

Шимолий қутб

pol sud

Жанубий қутб

Antàrtida

Антарктика

terra

Ер

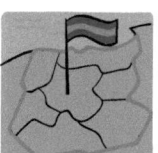

país

ўлка

mar

денгиз

illa

орол

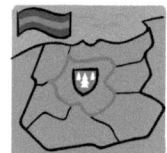

nació

миллат

estat

давлат

quadrant

астрономик вақт кўрсатгичи

agulla de les hores

соат мили

agulla dels minuts

дақиқа мили

agulla dels segons

сония мили

Quina hora és?

Соат неча?

dia

кун

temps

вақт

ara

ҳозир

rellotge digital

рақамли соат

minut

дақиқа

hora

соат

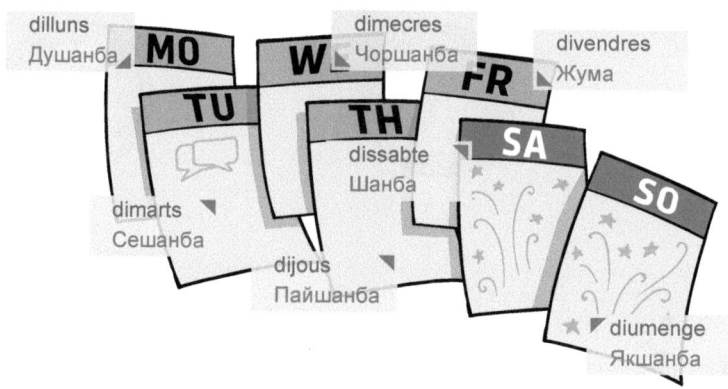

dilluns
Душанба

dimecres
Чоршанба

divendres
Жума

dimarts
Сешанба

dissabte
Шанба

dijous
Пайшанба

diumenge
Якшанба

ahir

кеча

avui

бугун

demà

эртага

matí

эрталаб

migdia

пешин

tarda

кечкурун

MO	TU	WE	TH	FR	SA	SU
1	2	3	4	5	6	7
8	9	10	11	12	13	14
15	16	17	18	19	20	21
22	23	24	25	26	27	28
29	30	31	1	2	3	4

dia feiner

иш кунлари

MO	TU	WE	TH	FR	SA	SU
1	2	3	4	5	6	7
8	9	10	11	12	13	14
15	16	17	18	19	20	21
22	23	24	25	26	27	28
29	30	31	1	2	3	4

cap de setmana

дам олиш кунлари

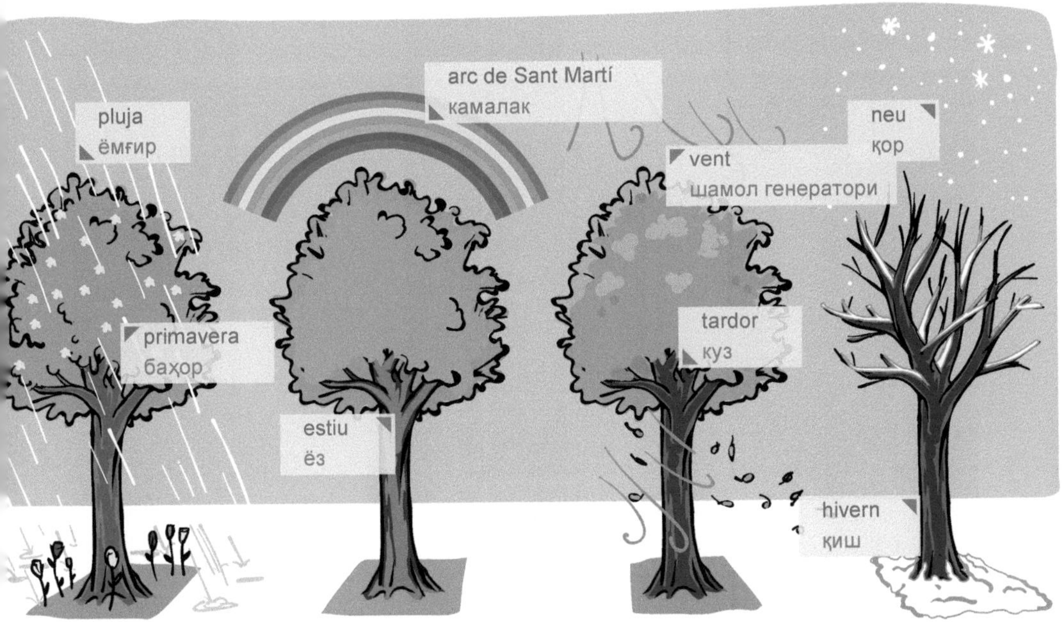

pluja
ёмғир

arc de Sant Martí
камалак

neu
қор

vent
шамол генератори

primavera
баҳор

tardor
куз

estiu
ёз

hivern
қиш

4.APRIL	11°	☀
5.APRIL	4°	☁
6.APRIL	13°	☁
7.APRIL	8°	☀
8.APRIL	10°	☀

pronòstic del temps

об-ҳаво маълумоти

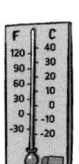

termòmetre

термометр

llum del sol

қуёшли

núvol

булут

boira

туман

humiditat de l'aire

намгарчилик

llamp

чақмоқ

tro

момоқалдироқ

tempesta

бўрон

calamarsa

дўл

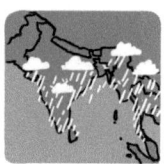

monsó

намгарчилик мавсуми

inundació

тошқин

gel

муз

gener

Январь

febrer

Февраль

març

Март

abril

Апрель

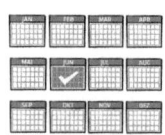

maig

Май

juny

Июнь

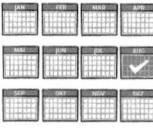

juliol

Июль

agost

Август

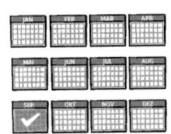

setembre

·············

Сентябрь

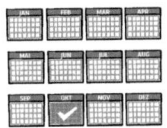

octubre

·············

Октябрь

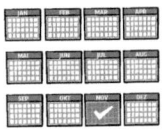

novembre

·············

Ноябрь

desembre

·············

Декабрь

formes

шакллар

cercle

·············

айлана

quadrat

·············

квадрат

rectangle

·············

тўртбурчак

triangle

·············

учбурчак

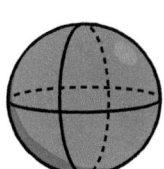

esfera

·············

доира

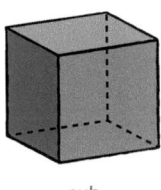

cub

·············

куб

blanc

оқ

groc

сариқ

taronja

сабзи ранг

rosa

пушти

vermell

қизил

lila

тўқ қизил

blau

кўк

verd

яшил

marró

жигар ранг

gris

кул ранг

negre

қора

қарама-қарши маъноли сўзлар

molt / poc

кўп / оз

emprenyat / tranquil

ғазабли / хотиржам

bonic / lleig

гўзал / хунук

començament / fi

боши / охири

gran / petit

катта / кичик

clar / fosc

ёруғ / қоронғу

germà / germana

ака / сингил

net / brut

тоза / ифлос

complet / incomplet

тўлиқ / чала

dia / nit

кун / тун

mort / viu

ўлик / тирик

ample / estret

кенг / тор

comestible / immenjable

еса бўладиган / еса бўлмайдиган

dolent / amable

ёвуз / хайрли

entusiasmat / entediat

ҳаяжонли / зерикарли

gros / prim

семиз / озғин

primer / darrer

биринчи / охирги

amic / enemic

дўст / душман

ple / buit

тўла / бўш

dur / tou

қаттиқ / юмшоқ

pesant / lleuger

оғир / енгил

gana / set

очлик / чанқов

malalt / sà

касал / соғлом

il·legal / legal

ноқонуний / қонуний

intel·ligent / ximple

зиёли / калтафаҳм

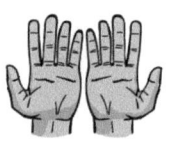

esquerra / dreta

чап / ўнг

prop / llunyà

яқин / узоқ

nou / usat

янги / ишлатилган

res / quelcom

ҳеч нарса / бир нарса

vell / jove

қари / ёш

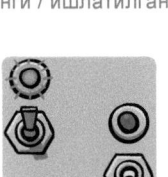

encès / apagat

ёниқ / ўчиқ

obert / tancat

очиқ / ёпиқ

silenciós / sorollós

паст / баланд

ric / pobre

бой / камбағал

correcte / incorrecte

тўғри / нотўғри

aspre / suau

нотекис / текис

trist / content

хафа / хурсанд

curt / llarg

қисқа / узун

lent / ràpid

секин / тез

humit / sec - eixut

нам / қуруқ

calent / fred

илиқ / салқин

guerra / pau

уруш / тинчлик

0

zero

ноль

1

u

бир

2

dos

икки

3

tres

уч

4

quatre

тўрт

5

cinc

беш

6

sis

олти

7

set

етти

8

vuit

саккиз

9

nou

тўққиз

10

deu

ўн

11

onze

ўн бир

12
dotze

ўн икки

13
tretze

ўн уч

14
catorze

ўн тўрт

15
quinze

ўн беш

16
setze

ўн олти

17
disset

ўн етти

18
divuit

ўн саккиз

19
dinou

ўн тўққиз

20
vint

йигирма

100
cent

юз

1.000
mil

минг

1.000.000
milió

миллион

тиллар

anglès

Инглиз

anglès americà

Америкача инглиз тили

xinès mandarí

Хитой тилининг Мандарин лаҳчаси

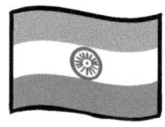

hindi

Ҳинд

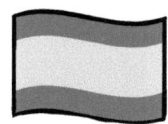

espanyol

Испан

francès

Француз

àrab

Араб

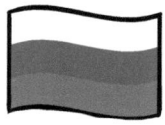

rus

Рус

portuguès

Португал

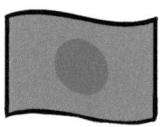

bengalí

Бенгал

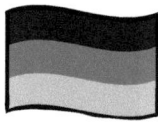

alemany

Немис

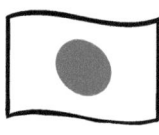

japonès

Япон

jo

Мен

tu

Сен

ell / ella / allò

у / у / у

nosaltres

биз

vosaltres

сизлар

ells

улар

qui?

ким?

què?

нима?

com?

қандай?

on?

қаерда?

quan?

қачон?

nom

исм

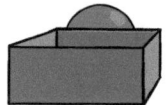

darrere

орқада

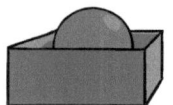

en

ичида

davant de

олдида

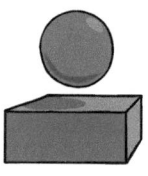

damunt

узра

sobre

устида

sota

тагида

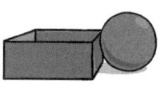

al costat

ёнида

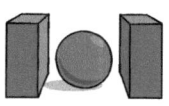

entre

ўртасида

lloc

жой